壁を破る!

ルフ㊢パッティングの極意

永井延宏

青春新書
PLAYBOOKS

プロローグ　なぜプロでも50センチを外してしまうのか？

「パットに型なし」

「パット・イズ・マネー」

「ネバーアップ・ネバーイン」（届かなければ、入らない）

こうした金言や格言が多いことからも、グリーン上におけるパッティングというパートが、ゴルフでいかに重要かということがわかります。1ラウンドのストローク数の約40パーセントを、パッティングが占めるというデータもあります。

そして、マスターズを2度制したパットの名手「ジェントル・ベン」ことベン・クレンショーは、

「パッティング・イズ・アート」

という自身の哲学を貫き、現在もUSチャンピオンズツアーで活躍しています。

一方で、メンタル的な障害とされるイップスに苦しみ、引退を余儀なくされる選手がいるのも事実。パッティングはメンタルとの関わりが強いため、精神論的な方向に答えを見

出そうとするケースもあるようです。逆に、機械的なストローク技術をマスターすることで、メンタルを排除するという方法論も見られます。

アマチュアの方に関しては、「センス」や「感覚」に頼ろうとする部分があり、それを乗り越えるような「練習」や「方法論」まで行きついていない方がほとんどでしょう。

それでも、誰にでもハッキリとわかるのは、「入る」「入らない」という結果です。パッティングの場合、この結果はとても明白で、「入る＝上手い」「入らない＝ヘタ」という格付けは容易にできます。

ここでいう「入る」ゴルファーがよく口にする言葉は実に単純で、「パットはフィーリング重視。あまり考えすぎてもダメ」というもの。しかしこれでは、「入らない」ゴルファーは何を頼りにしたらいいのかわかりません。

そして「入る」ゴルファーは、本当に「入るパット」の仕組みを理解しているのでしょうか？

たとえタイガー・ウッズやフィル・ミケルソンという選手でも、時に信じられないような短い距離のパットを外すことがあります。ということは、「入らないパット」の仕組みも理解しておく必要があるのです。

ここで、私が実際に体験したエピソードを一つ紹介しましょう。

ツアー出場権をかけたクオリファイング・トーナメント、いわゆるQTに出場したときのことです。同組には過去にツアー競技の出場経験があるベテランプレーヤーのBプロがいました。

この日、Bプロはバーディを重ねるだけでなく、ロングホールでイーグルも奪取。順調にスコアを伸ばしていました。私を含め、同組のプレーヤーは彼のスコアがどこまで伸びるのかと興味を抱き、それに離されずついていこうとしていたのです。

フロント・ナインを終え、ハーフターンしてから3ホール目。12番のミドルで事件は起きました。

Bプロのショットは後半も好調で、セカンドショットはピンに真っすぐ飛び、ピン手前約5メートルにオン。ファーストパットは上りの軽いフックライン。バーディチャンスです。それまで同様、なんの淀みもなくBプロはバーディパットを打ちましたが、惜しくもボールはカップの右を通過。返しのパーパットは下りのラインですが、わずか50センチです。

彼は「お先に」と声をかけ、同伴競技者のラインを避け、パーパットを沈めるためアドレスに入りました。

このとき、

「もしかしたら…。いや、必ず外れる」

という予言に近い感覚が私の胸にわき起こったのです。

果たして、Bプロのパーパットは、カップにまったく触れることなく左へ外れていきました。そのときの彼は、まさに鳩が豆鉄砲を食らったような表情で、カップから80センチほど先に止まったボールを見つめていました。

なぜたった50センチを外したのか。その理由のわからないBプロは、そのパットを契機に今までの良いリズムを崩し、結局平凡なスコアでプレーを終えることになりました。

Bプロの「お先に」は、決して軽率なプレーではありませんでした。ラインを避けたとはいえ丁寧に体勢を整え、体のバランスにも注意し、ゆっくりと時間をかけてパターのフェース面をカップに対してスクエアに向け、ストロークに集中していました。

しかし、一つだけ大きな過ちを犯してしまいました。それが、実はパターの「ロフト」なのです。


入るパットと入らないパットの決定的な違いは、ズバリ「パターのロフトを正しく使えているか、使えていないか」という点に集約されます。

Bプロの場合、パターに刻まれたサイトラインやトップエッジはカップに対してスクエアに見えましたが、フェース面（ロフト）はほぼ45度くらい下を向いていました。それによって、わずか50センチでも私には非常に危険なパットに見えたのです。

もちろん、プロはロフトやストロークによって結果にどんな違いが出るのか、経験則からの感覚としてある程度知っています。

しかし、残念なことにアマチュアの方が考えるパッティングというと、「振り子のようにストロークして、ヘッドを真っすぐ動かす」ということにとらわれています。もしくは、それしか知らないといったほうが正しいかもしれません。

現在一般的にスタンダードとされている「振り子型ストローク」や「ヘッドを真っすぐ動かす」という意識では、ロフトが存在するパターというクラブの特性を生かすことはできません。そればかりか、ゴルフの力学から見ても理にかなうところが皆無なのです。

そのため、仮にあなたの打ったパットがものの見事に決まったとしても、残念ながらそれは偶然にすぎないのです。

「5メートルの距離を狙いすまして入れる」
「マウンドを越えて大きく曲がるラインを読み切って沈める」
「傾斜の入り組んだ高速グリーンでも、確実にOKにつける」

タイガー・ウッズに代表される世界のトッププレーヤーは、アドレスの形やストロークのスタイルこそ違いますが、力学的な整合性がとれているため、このような離れ業を成し遂げることができるのです。

あなたにもタイガーのようなパットが打てる、とまではいいませんが、本書では「入るパット」と「入らないパット」の違いと、その「秘密」を詳細に解説し、安定したストロークを身につけるための実践的なドリルも多数紹介していきます。さらに、距離感の出し方やグリーンの読み方といった、すぐスコアアップに貢献する攻略術も盛り込んでいます。

これまでほとんど語られてこなかった〝パッティングの真実〟を、ぜひあなたの頭にインストールしてください。そして、ゴルフの新たな扉を開きましょう！

80の壁を破る！ ゴルフ超パッティングの極意——目次

第3章 一生ブレない〝本当のストローク〟を身につける

第4章 実践ですぐに役立つグリーン攻略術

プロデュース　角田柊二（メディアロード）
編集　宮川タケヤ
本文写真　平林克己
カバー線画　植松隆之
イラスト　勝山英幸
本文DTP　センターメディア
取材協力　オールドオーチャードゴルフクラブ
株式会社エムアイティインク（ザ・レール）
株式会社roxn（ロール&ロールパター）

第1章

「オーバースピン至上主義」の間違い

名プレーヤーは必ず「この一本」を持っている

「パット名手はどんなゲームをも制する」

この言葉は、1887年と1889年の全英オープンに勝利した、ウィリー・パーク・ジュニアが残したものです。パッティングの名手として広くゴルファーたちに知られていた彼は、パッティングが自らのプレーにおいて最も重要だと考えていました。

そして、ウィリー・パーク・ジュニアは優れたゴルファーであると同時に、クラブやボールの設計・製造も自ら手がけるクラフトマンでした。今でいうグースネックでオフセットのついた「オールドポーキー（ここ一番で頼りになる奴）」と名付けたパターを、生涯の伴侶としました。

球聖ボビー・ジョーンズは、「カラミティジェーン（一発で仕留める姐御）」と刻印されたパターを愛用。冒頭でも紹介した、USPGAツアーで最もパッティングが上手いといわれたベン・クレンショーは、彼が十五歳のときに父親からプレゼントされたウイルソン8802、通称「リトルベン」を今でも愛用しています。

帝王ジャック・ニクラウスは「ジョージ・ロウ」を。現在の最強プレーヤーであるタイガー・ウッズは、トゥ&ヒールバランス理論を最初に唱えたピンの名器「アンサー2」で育ち、現在は「アンサー2」がベースの「ニューポート2」をエースパターにしています。

今も昔も、名選手には必ずといって差し支えないほど愛用の一本が存在するのです。

ところが多くのアマチュアゴルファーの方は、

「O社の●×はショートパットが入ると評判だよ」

「T社の▲■は転がりがいいって、みんないってる」

といった情報や噂を聞くやいなや、ゴルフショップへ足を向ける傾向にあります。また最近では、「プロ使用率ナンバー1」というキャッチコピーに惹かれるゴルファーも多いものです。

もちろん、新製品を使うのは悪いことではありませんし、それにより1ストロークでもスコアを縮められると期待するのは、ゴルファーである以上やむを得ないとさえいえます。

しかし、先に紹介した偉大なプレーヤーたちは、数試合エースパターを使わないことはあっても、基本的に自分の惚れ込んだ一本を愛用し続けました。

仕組みを知れば「入るパット」は難しくない

では、なぜ偉大なプレーヤーたちは一本のパターを愛し続けたのでしょうか。

「感覚的な部分、いわゆるフィーリングがマッチするから」

たいていは、このような答えが返ってくるはずです。しかし、〝自分のフィーリングにマッチする〟とはどういうことでしょう?

「今度、買った●×パター。打感がソフトで最高でさぁ、タッチがすごく合うんだよね。パットが苦手だったオレも、これで3パットの山とはおさらばできそうだ」

こんな経験は、ゴルファーなら一度や二度はあるはずです。ところが、タッチがすごく合ったというのもせいぜい購入後の3~4ラウンド。使用回数が増えるごとに距離感に狂いが生じ、再び3パットの山に悩まされるようになっていきます。

「こんなのダメだ！　オレには合わない」

購入したばかりの最新パターに早々と見切りをつけ、次なる評判のパターを物色しはじめる…。

私は仕事柄、このようなアマチュアゴルファーの方を数多く見てきました。そして、彼らにとってのフィーリングやタッチというものは本物の感覚ではなく、ある種の幻にすぎないのではないかと思えてくるのです。

ではなぜ幻を追い続けるのかというと、アマチュアゴルファーのみなさんが、「入るパット」とはどういうものか」を知らないからです。「入るパット」の仕組みを理解することで、はじめてそれを満たすのに必要なフィーリングやタッチという本物の感覚が磨かれていくわけです。

「打感がソフト」「重さがしっくりくる」など、道具としての感覚的な部分の心地よさも大切ですが、それと入るパットの仕組みとはまったく別モノです。

先に紹介した偉大なプレーヤーたちは、「入るパットとはどういうものか」という仕組みを理解していたからこそ、自分の感覚にフィットした、伴侶となる一本に出会えたわけです。

これから、「入るパット」のさまざまな仕組みに関してお話していきますが、入るパットにおいても「ヒトの感覚」が最優先されることだけは間違いありません。

よくトッププロは、

「パターは考えすぎずにフィーリング重視で！」

と、いとも簡単にいい放ちます。

つまり、「ヒトの感覚重視で」といっているわけですが、入るパットの仕組みと感覚がマッチしていることが大前提です。感覚で道具の良しあしを語るのは道具の鑑定士であり、パットの名手ではありません。

オーバースピンをかけるのに技術はいらない

プロや上級者など、パッティングのうまい人のボールは「球足が伸びる」「転がりがいい」とよくいわれます。その理由は、打ち出しとほぼ同時にボールに順回転、つまりオーバースピンがかかるからというのが定説です。

また、メーカーのカタログなどにも、「インパクト直後のムダなバックスピンを抑え、

■打ち出したとたんに順回転がかかる

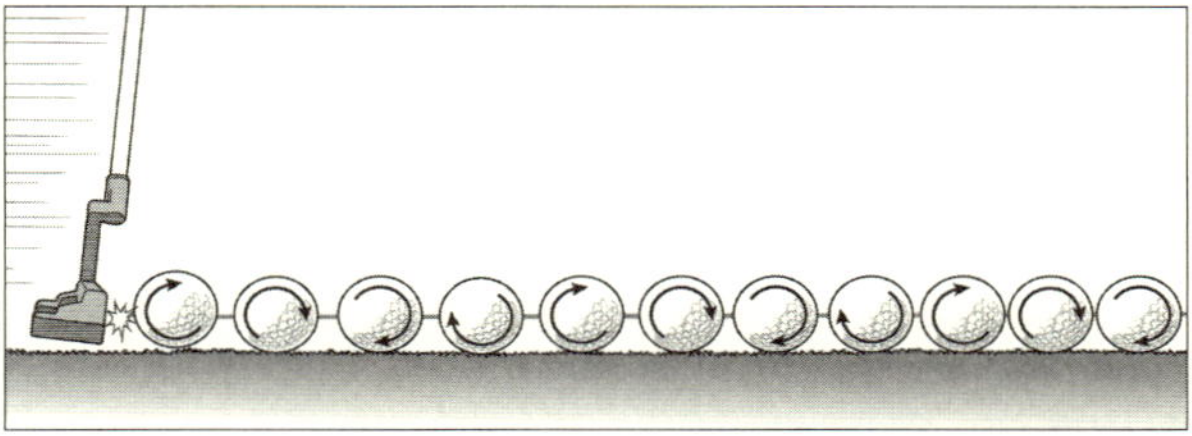

■わずかなキャリーが出て、その後順回転

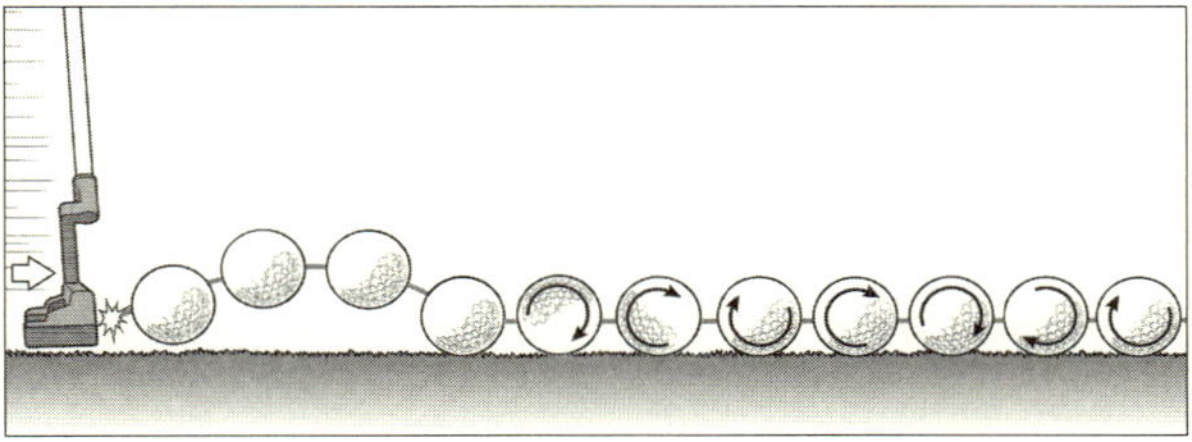

ボールを打ち出した途端に、スムーズな転がりを生むオーバースピンがかかる」というような宣伝文句が踊っています。

さらに、ゴルフ雑誌などによる「プロとアマチュアのパッティングは何が違うのか」というような企画では、両者のインパクト直後のボールの転がりを高速度カメラの画像で見せたりします。それによると、「プロのボールは打ち出し後、ごくわずかな時間でオーバースピンがかかっているのに対して、アマチュアはオーバースピンがかかるまでにより多くの時間を必要とする」として、これがパッティングにおける大きな差になっていると紹介しています。

後で詳しく説明していますが、実際はパターには一般的に3度、もしくは4度程度のロフト角があるため、インパクト後、ボールには必ず水平よりやや上向きの力がかかります。

そしてロフト角があるために、通常のショットでいう「キャリー」（パッティングでは「スキッド（滑り）」と呼ばれる）が必ず発生します。つまり、先に紹介したゴルフ雑誌の企画は、「スキッドが少ないほど、パッティングがうまい」といっているわけです。

確かに、球足が伸びる、転がりの良いボールを打つには、オーバースピンが不可欠です。しかし、スキッドの時間をできるだけ短くして、打ち出しとほぼ同時にボールへオーバースピンをかけるのは、それほど難しいことではありません。100を切れないというゴルファーでも、容易にオーバースピンはかけられるのです。

その方法はハンドファーストでインパクトし、ロフトを殺してしまうというだけのこと。ドライバーやアイアンをハンドファーストで打つと、必然的にロフトが立つためキャリーの少ない低弾道の球になりますが、パターでも同じことが実現できます。

ロフトが立った状態で打つと、水平より下向きのベクトルが働くため、ボールがグリーン面方向に打ち込まれます。そして、それによるリバウンド作用で、すぐにオーバースピ

■ロフトが立ったドライバーショット

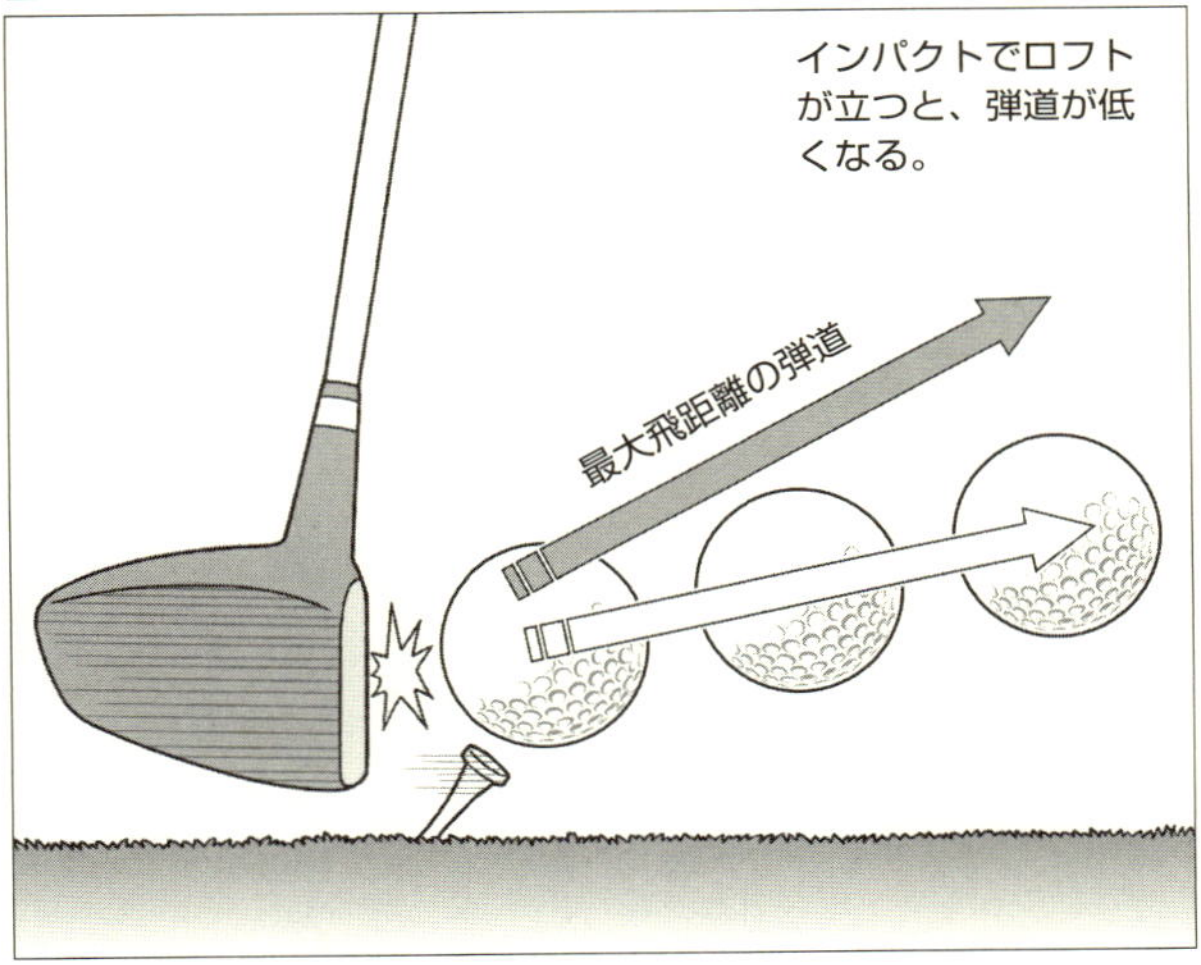

■ロフトが立ったパッティング

ンがかかったボールが打てるのです。

「オーバースピン＝良いパット」の誤解

意図的に低弾道のショットを打つ場合は別ですが、通常のドライバーショットでロフトが立ったインパクトになると、最大飛距離を得るのに理想的な打ち出し角度（約14度前後）に達しないため、ビッグドライブを手にすることはできません。それどころか、低スピンでボールが上がらないため、キャリー不足やいわゆるチーピン球という不本意な結果が予想されます。

飛距離アップを手に入れるには、ドライバーのロフト角を生かしたインパクトをしなければなりません。つまり、クラブは果たす目的に合わせてデザインされており、その機能を引き出すのが「いいスイング」の定義です。

ところが、メーカーの宣伝文句やゴルフ雑誌の企画では、すぐにオーバースピンをかけることが大切といっています。となると、パターにデザインされたロフトは、一体どんな目的なのでしょうか？

　ロフトの役割はハンドファーストにインパクトするためであり、インパクトではロフトがゼロになるのが理想という理論も目にします。そこで有名なのは２００４年、２００６年のマスターズを制したフィル・ミケルソンのケース。

　ミケルソンは、勝負どころで度々ショートパットを外すことが弱点だといわれていましたが、その原因をハンドファーストなインパクトに見い出し、矯正のためにロフトのあるパターを使いました。結果、念願のメジャータイトルも手に入れ、今では長年タイガーが保持した世界ランク１位の座に躍り出ようかという勢いです。

　現在ではさらに打ち方を改良し、どちらかというとヘッドより手元が後方にあるヘッドファースト気味にストロークしています。つまり、自分でロフトを作っているのです。

　ドライバーショットにおけるロフトの働きからもわかるように、良いパッティング、うまいパッティングは、ロフトというクラブの機能を引き出すのが大前提。だとすれば、打ち出し後すぐにオーバースピンがかかるようなボールは打てないことになります。

ロフトの働きが理解できると、フェース面にグルーブ（溝）などの特殊加工を施し、「インパクト後、すぐにオーバースピンがかかって転がりの良いボールが打てる」などと宣伝するパターにも、少なからず疑問が残ります。

球足が伸びるボール、転がりの良いボールを打つ要素としてオーバースピンは確かに欠かせませんが、パターヘッドとボールがぶつかることで発生する衝突エネルギーに対してオーバースピンの量が多すぎると、以下のようなデメリットも発生することも覚えておきましょう。

・ラインに乗りにくい
・イメージしたカーブ（曲がるライン）が描けない
・カップに蹴られやすい
・カップを過ぎてから止まらない
・弱く打っても思った以上に転がってしまい、結果オーバーする
・推力と回転の両方がエンジンの役割になるため、ブレーキが利かない。

（これについては、次章で解説します）

重いグリーンでしか通用しないオーバースピン

数十年前ですが、いわゆる「逆ロフトパター」が一時市場に出回りました。逆ロフトとは、ロフト角がマイナスになっているもので、ハンドファーストにしなくてもロフトの立ったインパクトになるよう作られたものです。このパターの売り文句も、「プロのように、オーバースピンのよくかかった転がりの良いボールが打てる」というものでした。

本当にオーバースピンが多くかかる打ち方がスコアにつながるのであれば、今でもこのパターは製造されているはずです。それどころか、逆ロフトがパターのスタンダードになっていなければおかしいはず。そうなっていないことだけを見ても、オーバースピンが多いほど良いパッティングだというわけではないことを証明しているようなものです。

一方で、実はオーバースピンが多くなることのメリットも存在します。

・重いグリーンや遅いグリーンでも転がりの良いボールが打てる
・芝目の強いグリーンでも、芝目の影響を受けにくい

このように、オーバースピンのメリットはグリーンの状態によるところが大きいのです。

例えば、ホームコースのグリーンが重かったり、高麗で芝目の強いグリーンばかりでプレーをしている人は、やはりオーバースピンがよくかかり、ボールの回転（ロール）が強くないと転がらないためスコアになりません。

また、1950年代のアメリカは今よりずっとグリーンが重く、気温の高い地域では芝目が強い芝を使っていました。

このようなグリーンで転がりの良いボールを打つには、オーバースピンの量を増やす必要がありました。そのため、パターヘッドを上から入れて（アイアンでいうダウンブローに近いインパクトをして）、ボールを一度地面にぶつけ、その反動でボールがスキップするように出る打ち方をして、オーバースピンをかけていたのです。

この打ち方の代表はなんといっても「アーニー・ロック」で有名なアーノルド・パーマ

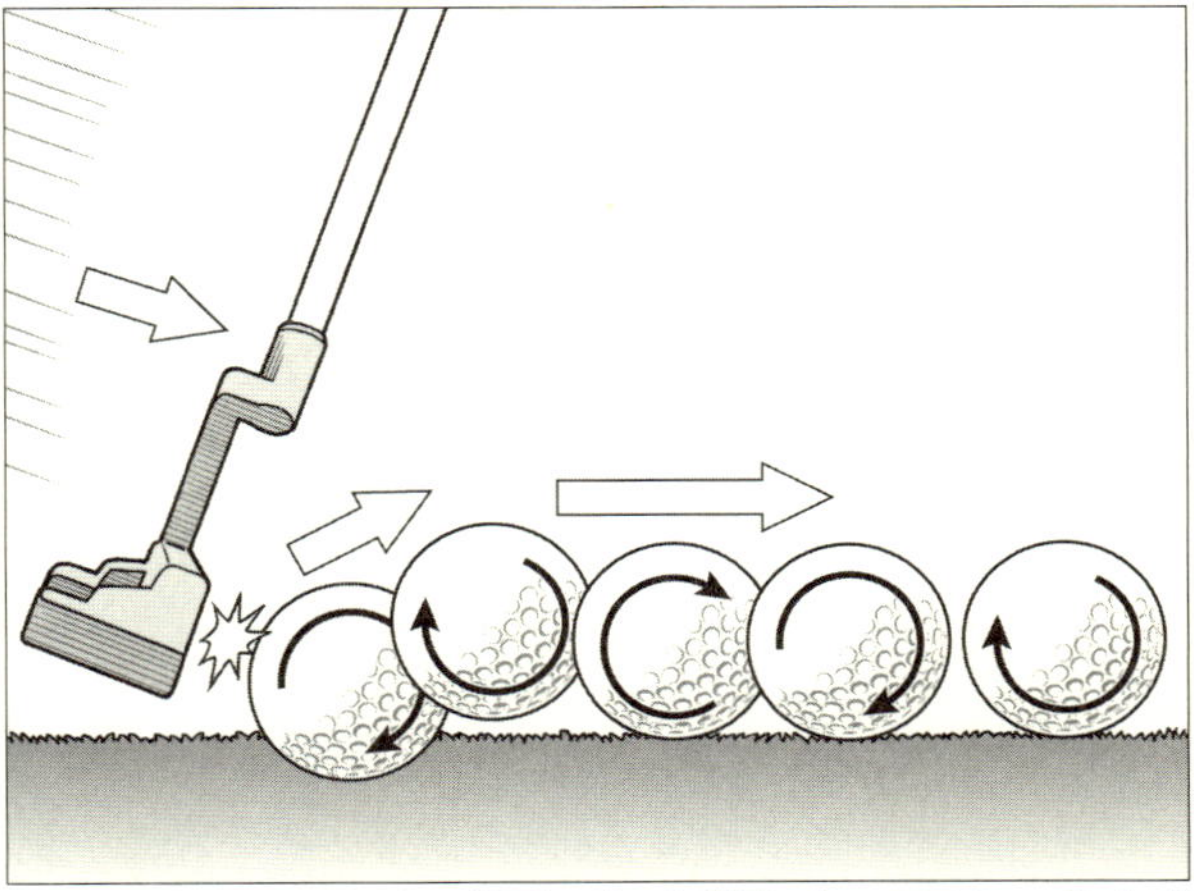

ヘッドを上から入れると、地面にボールがぶつかってスキップしたボールが打ち出される。

ー。彼はとても小さく構え、リストを使ってポンとボールを弾く、いわゆるタップ式で打っていましたが、そのように打つことで意図的にオーバースピンを多めにかけていたのです。

このような打ち方が大きく変化したのは、ベン・クレンショーの登場によってです。

彼は左腕とシャフトが一直線になるように構え、いわゆる振り子型のストロークをしますが、フォローでボールを擦り上げるのが特徴でした。

イメージ的には、テニスでトップスピンのボールを打つときのようにパターのフェースを動かしていたのです。このような打ち方も、ボールにオーバースピンを多めにかけることが目的でした。

高速グリーンには多くのロフト角が必要

オーバースピンをより多くかけるという打ち方に大きな変化が訪れたのは80年代。コース設計家のピート・ダイが手がけた、強烈にうねるポテトチップ形状の速いグリーンを持つコースが登場してからです。

このように大きなアンジュレーションのついた速いグリーンでは、転がりの良いボールを打つことよりも、いかにラインに乗せるか、狙ったところにいかに止めるかがパッティングの最重要ポイントとなり、それに伴って打ち方もパターデザインも変化してきました。

80年代以前のパターはL字型が主流で、先のアーノルド・パーマーもベン・クレンショーも、そして、帝王ジャック・ニクラウスもL字型のパターを使っていました。それが80年代に入るとL字型ほどではないにしろ、ある程度重心距離があるうえ、トゥ・ヒールバランス設計によってスイートスポットを拡大したアンサー型が主流になってきました。

このアンサー型、トゥ・ヒールバランスという革新的設計にばかりに注目が集まりますが、Ｌ字型パターよりロフト角がついていたという点も見逃せません。ロフトが増えたということは、ピン・アンサーの開発者であるカースティン・ソルハイムが、先ほど紹介したスキッド（キャリー）を使った打ち方のほうがラインに乗り、狙ったところに止まり、速いグリーンに適していると考えたわけです。

80年代後半から90年代の日本ツアーでは、アンサーの「スコッツデール」というクラシックモデルが一世を風靡しましたが、ＵＳＰＧＡツアーでは「アンサー２」というモデルが流行しています。

「アンサー２」はアンサー型よりロフトが多く、しかもフェース面上部にアールがつけられているため、いかにもロフトでボールが拾えそうなイメージがわきます。グレッグ・ノーマンやマーク・オメーラなどがその代名詞で、若き日のタイガーも含まれます。現在でも、タイガーは「アンサー２」がベースとなるパターを使っています。

このことから、グリーンが速くなるほどパターのロフト角は増えていくべきで、逆に遅ければロフト角は減っていくほうが良いのです。グリーンの速度を示すスティンプメーターの表示でいうなら、1・5フィートに対してロフトを1度アジャストするくらいの関係だと思われます。

そして、速いグリーンほど、パターヘッドとボールがぶつかったときの衝突エネルギーに対してのオーバースピン量が少ない方がベター。つまり、〝打った割には転がらないロフトの多いパター〟のほうが、距離感を合わせやすいのです。

マスターズで活躍した転がりにくいパター

「転がらない＝オーバースピンが少ない＝回転（ロール）する力が弱い」パターのほうが良いなどというと、「そんなバカな」と思うゴルファーが大勢いることでしょう。そこで、日本のあるトッププロの話をみなさんにご紹介しましょう。

ゴルフの祭典マスターズの常連ともいえるSプロは、自分にメリットがあると思うことには、すべて積極的にトライすることで有名です。そんな彼が、普段のトーナメントでも、それまでのマスターズでも使ったことのないロフト角の多いパターを持ってオーガスタ・ナショナル・ゴルフクラブに乗り込んだのです。

みなさんもご存知のように、マスターズが開催されるオーガスタのグリーンは氷もしくはガラスと呼ばれるほど超高速で、なおかつうねりも非常に強いタイプ。ショットの良しあしもさることながら、マスターズはやはりグリーン上の出来不出来が勝負の行方を大きく左右します。

また、日本のトッププロでマスターズ出場経験のあるＴプロは、

「マスターズからの帰国後、録画していたテレビ中継を観ました。ボクの打ったショットがワンピンくらいにつくと、アナウンサーや解説者が『バーディチャンスにつけましたね』などというコメントをいっていて、ボクは呆れてしまいました。自分自身では、このワンピンの約2・5メートルから、どうしたら3パットしないで上がれるかを必死に考えていたわけですから。バーディチャンスだなんて、とても思えないんですよ」

と本音を漏らしていたと関係者から聞いたことがあります。つまり、オーガスタのグリ

ーンはそれほどまでに難しいものなのです。

難攻不落ともいえるグリーンに挑むSプロは、前述したようにロフト角の多いパターを持って行ったわけですが、その理由はオーバースピンがかかりづらく、ボールのロールが弱いため。簡単にいうと、転がりにくいパターのほうがオーガスタには適していると、経験則から導き出したのです。

こうしたことからも、「入るパッティング」の仕組みがオーバースピンの強くかかったボールを打つことでないのは明らかです。

第2章

読むだけで入るようになる「パッティングの力学」

理想のパッティングのカギを握る「推力」と「回転」

打ち出した途端、オーバースピン（順回転）がかかると、その効果でロール（回転）する力が強くなり、結果、球足の伸びるボールになる。前章では、これだけが良いパッティング、入るパッティングではないとお話しました。本章ではそこから進んで、良いパッティング、入るパッティングとはどういうものなのか、ズバリ、お教えしましょう。

パッティングすることによって打ち出されたボールが目標方向（前方）へ転がっていくのは、ヘッドとボールがぶつかったことで生じる衝突エネルギーによる〝推力〟で、その力とグリーン面との摩擦によってボールに〝回転（ロール）〟がかかるからです。

つまり、推力と回転の二つの要素によってボールは前へと進んでいきます（傾斜による重力は除きます）。このようにいうと、「なんだか難しそうだな…」と思う方がいるかもしれません。そこで、ごく簡単に推力と回転について説明しましょう。

例えば、立方体のブロックやサイコロを棒などで打つと、転がらないのに前方へと進んでいきます。このときの進む力が、ヘッドとボールの衝突による推力になります。

■「推力」のイメージ

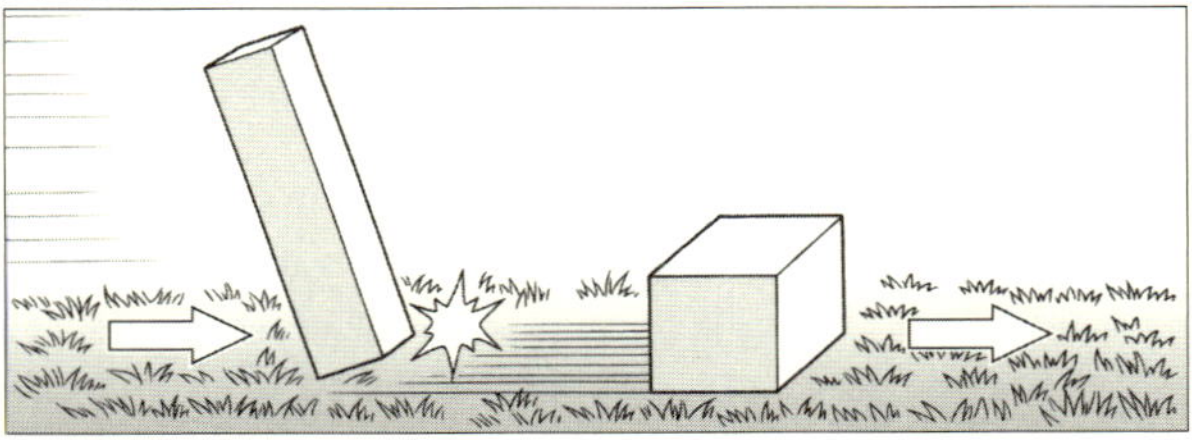

■「回転」のイメージ

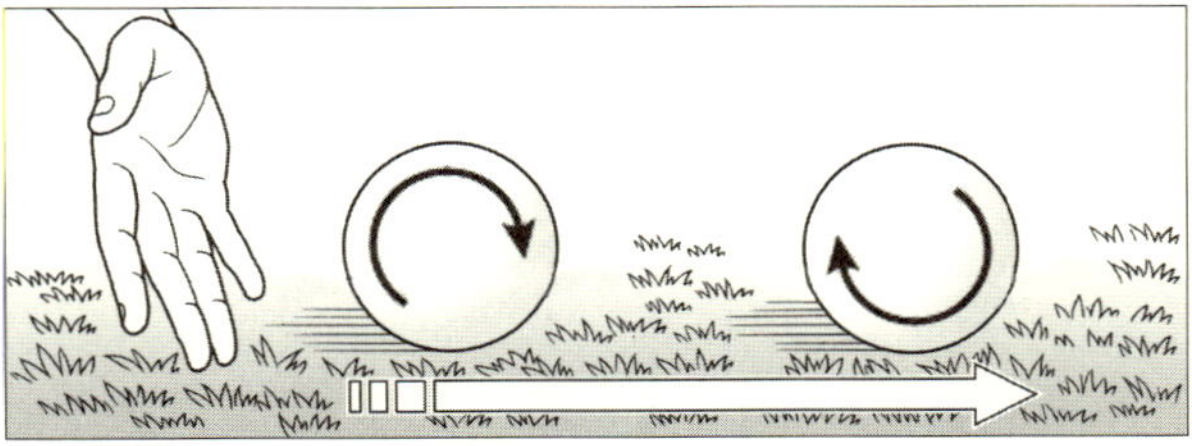

一方、回転させたピンポン球やスーパーボールをそっと地面に置くと、ボールは打つという衝突エネルギーがないのにもかかわらず、回転しているほうへと転がり出します。ゼンマイ仕掛けの「チョロQ」を思い出していただければ、イメージしやすいでしょう。パッティングで打ち出されたボールは、回転しているといっても、車の駆動輪のように直接トルクがかかっているわけではありません。

良いパット、入るパットは、推力と回転という二つの要素がマッチしているのです。

下りの速いラインでは、ごく弱いタッチで打つのが一般的ですが、タッチが弱いと推力も、それに相対したごく小さなものになります。しかし、推力の割に回転が強い、つまり二つの要素がマッチしていないと、思った以上に転がってしまい、カップの縁から入りかけたボールが蹴られるということがよく起こります。

逆に、上りの重いラインでしっかりとヒットし、ボールに強い推力を与えても、推力の割に回転が弱いと、思った以上に転がらないためショートしてしまいます。このケースも二つの要素がマッチしていないために起こる現象です。

したがって、衝突することで発生する推力と摩擦による回転がピッタリと噛み合えば、下りの速いラインでも蹴られることもなくカップの縁からボールが落ち、上りの重いラインでは球足が伸びてカップに届くのです。

カップインまでの過程を想像する

推力と回転がピタリと噛み合ったパッティングが良いパット、入るパットの絶対条件だ

■推力と回転力がマッチした理想的なパッティング曲線

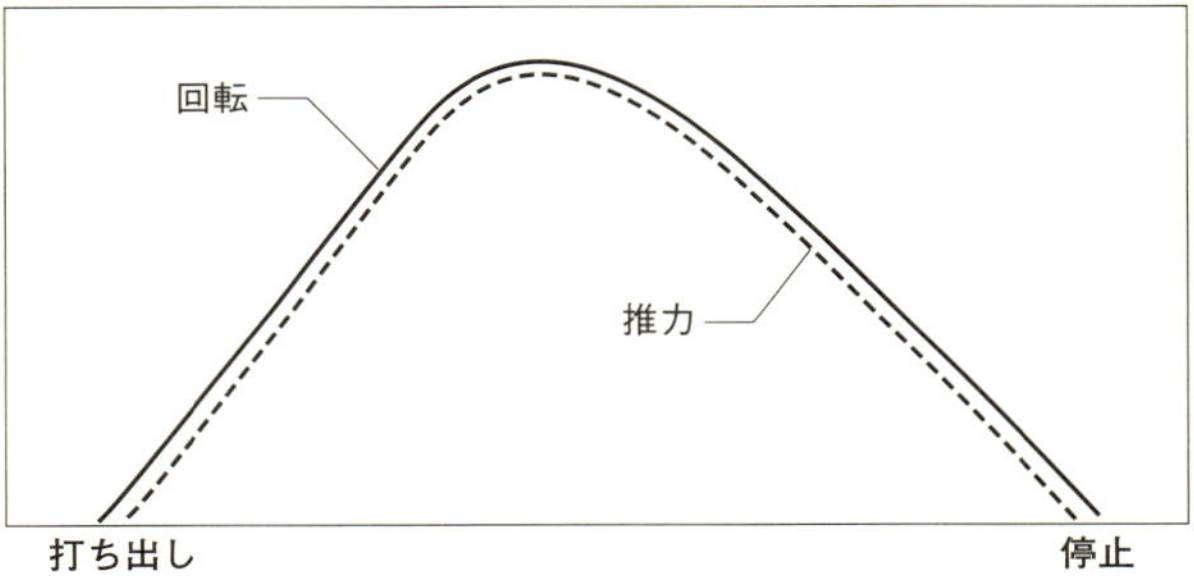

■推力の割に回転が強いパッティング曲線
（思った以上に転がってしまう）

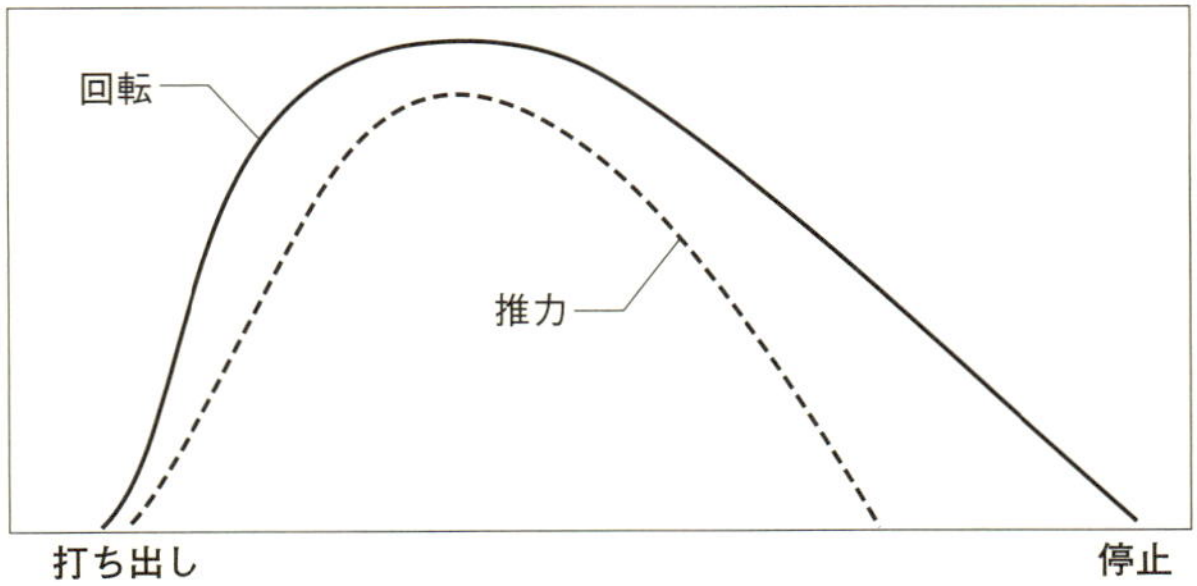

■推力の割に回転が弱いパッティング曲線
（思ったほど転がらない）

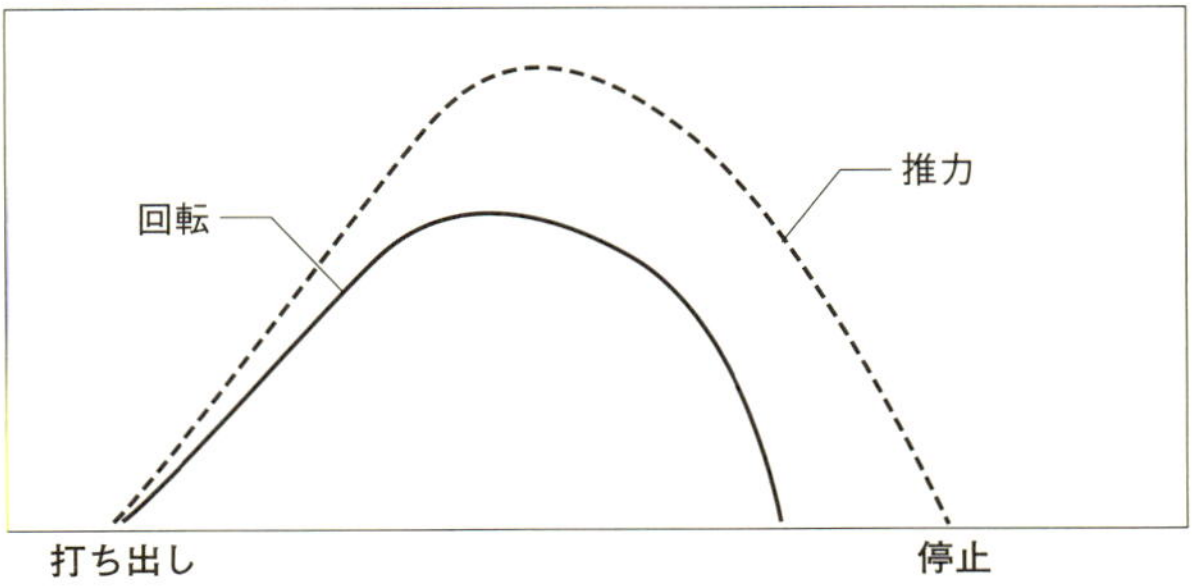

と説明しました。そして、狙った所で推力と回転がほぼゼロになるのが理想のパッティングとなります（狙った所がカップの手前50センチなら、そこで推力と回転がほぼゼロになる）。

ショートゲームのコーチとして世界的に有名なデイブ・ペルツは、データ上、ボールがカップを過ぎて13インチ（約40センチ）オーバーするパットが最も入る確率が高いとしています。しかし、世界のトッププロのパッティングを見ると、このようなデータより、「どのようにしてカップインさせるか」ということに意識を置いているようです。

強いタッチでカップのど真ん中からカップインさせるのか、それともカップの縁から最後のひと転がりをさせることでカップインさせるのか。つまり、自分のイメージしたラインに対して、打ったボールがどのくらいの推力と回転をもってカップへと進み、どの辺りから曲がり、カップのどこから入るのかを考えてストロークしています。

単純に距離感を合わせるのではなく、ボールの進む過程を想像し、転がりすべてをコントロールしようとする意識が、パッティングの上達には欠かせないというわけです。

パット上達に不可欠な「カップに落とす」イメージ

では、どうすれば転がりをコントロールできるのか、そのカギをお話しましょう。

パッティングの話をするとき、ほとんどのゴルファーは、

「ボールをカップへ入れる」

といいます。パッティングの目的はボールをカップインさせることなので、この表現自体は間違いではありません。

しかし、そのようなイメージでパッティングをしている人は、カップインしなかったときのことまで考えてストロークしているわけではありません。そのため、結局カップインできないと、返しのパットが入れごろ外しごろのイヤな距離が残って、結局３パットをするようなことになるのです。

また、入れるイメージでパッティングをする人は、ただ単にボールを転がしてカップインさせようとしているだけなので、カップに蹴られてしまったり、ボールがカップ中央へ転がっても、いわゆる奥の土手に当たって飛び出してしまったりするのです。

もちろん、こうしたことも弱くヒットすれば起こりません。しかし、カップに対してどのようにボールを入れるのかというイメージのないパッティングは、カップインしたとしても偶然、もしくは事故のようなもので、とても転がりをコントロールしているとはいえません。

転がりをコントロールするというのは、ヒットした強さに対して、推力と回転がマッチしたボールを打つこと。それには、ボールをカップに入れるのではなく、〝ボールをカップへ落とす〟〝ボールがカップへ落ちる〟というイメージをもつことが大切なのです。

推力と回転の関係でいうなら、推力のみでボールがカップに向かい、グリーン面との摩擦による回転とのバランスがとれているのが〝転がりがいい〟といわれる状態です。推力が弱まると摩擦が抵抗になり、ボールが減速して最終的には止まります。

つまり転がりの働きとは、いわゆる前進する力を作り出すオーバースピンだけではなく、最終的には車でいうならABSシステムのように、ブレーキの役割も果たしているということです。

インパクト後の推力と回転がマッチしている状態は、いわばアクセルを踏んでいる時間です。そこからアクセルを戻して惰性で走り、最後に停止線で止まれるようにブレーキを踏むタイミングが、回転が抵抗へと変わるところです。

よく入る人は「奥行感」を持っている

このように、転がりをイメージできると〝どこでボールを止めるのか〟がコントロールできるようになり、一般的によくいわれる距離感ではなく、〝奥行感〟というものが身についてきます。すると、「カップインできなかった場合は、カップを過ぎてから30センチくらいでボールが止まるな」というように、外したときのボールの「止まり所」がある程度判断できるため、メンタル的には自信を持ってパッティングに臨むことができます。

また、どこでボールを止めるのかを常に意識していれば、カップの入口を広く使うこともできるのです。

例えば、カップ上でボールの推力と回転がゼロになるようストロークすれば、少しラインが外れても蹴られる危険は少なく、ボールは縁からコロンとカップの中へと落ちていきます。当然、強く打ちすぎて奥の土手に当たり跳ね返るようなこともありません。

このことから、入るパットと入らないパットの決定的な違いは、回転の働きが、車のアクセルとブレーキ両方の役割を担っていることが理解できるかどうかにあります。それによってボールの止まり所があるかないかが決まり、またカップの縁から落ちるか落ちないかが決まるといえるのです。

パターにもロフト角があることを認識する

良いパット、入るパットは、転がって行くボールの推力と回転がマッチした、奥行感のあるボールを打つことで実現できると説明しました。

では、どうすればこのようなボールが打てるのでしょうか？　そのポイントとなるのが、〝パターのロフト〟と〝パター全体の重さ〟です。

パターのロフトは打ち出されるボールの回転に作用し、パター全体の重さは推力とストローク技術に大きな影響を及ぼします。

前章で、一般的にいわれているオーバースピンがかかるほど良いパットだというのは、根拠のあるものではないと説明しました。こうしたオーバースピン至上主義では、ラインに乗りにくかったり、イメージしたカーブが描けなかったり、弱く打っても思った以上に転がってしまったりというデメリットがあるのです。そして、オーバースピンが多くなってしまう原因は、なんといってもロフトが立った状態でインパクトするためでした。

ロフトの立ったインパクトになるのは、〝ハンドファースト〟でボールをヒットするからですが、そうなりやすいのは以下のような人、状況においてです。

・ストロークの切り返し部分でシャフトをしならせて手を前に出す人
・手首を使ってストロークのリズムをとる人
・パッティングの調子が良く、イメージやタッチがいつも以上に出る日はじめの二つは、ストロークのタイミングをつくる動作が、そして三つ目はストロークの技術とメンタルがハンドファーストに結びついてしまっています。まさに、ゴルフの難しさを象徴するような事例といえるでしょう。

「入れたい気持ち」がロフトを立てる

よくあるプロゴルファーの失敗例とともに、この状況を説明しましょう。

トーナメントの出場権を賭けたＱＴやマンデートーナメントなどでバーディが続き、スコアを伸ばしてくると、若手やベテランを問わず、誰でも、

「よし、調子が出てきた。今日はイケるぞ」

といったハイな気持ちになります。このような流れの中で、次のショットもバーディチャンス。状況はワンピンの軽いフックライン。

「これを沈めれば、流れはオレのもの。ビックスコアが出せるぞ」

■シャフトが垂直で理想的なインパクト

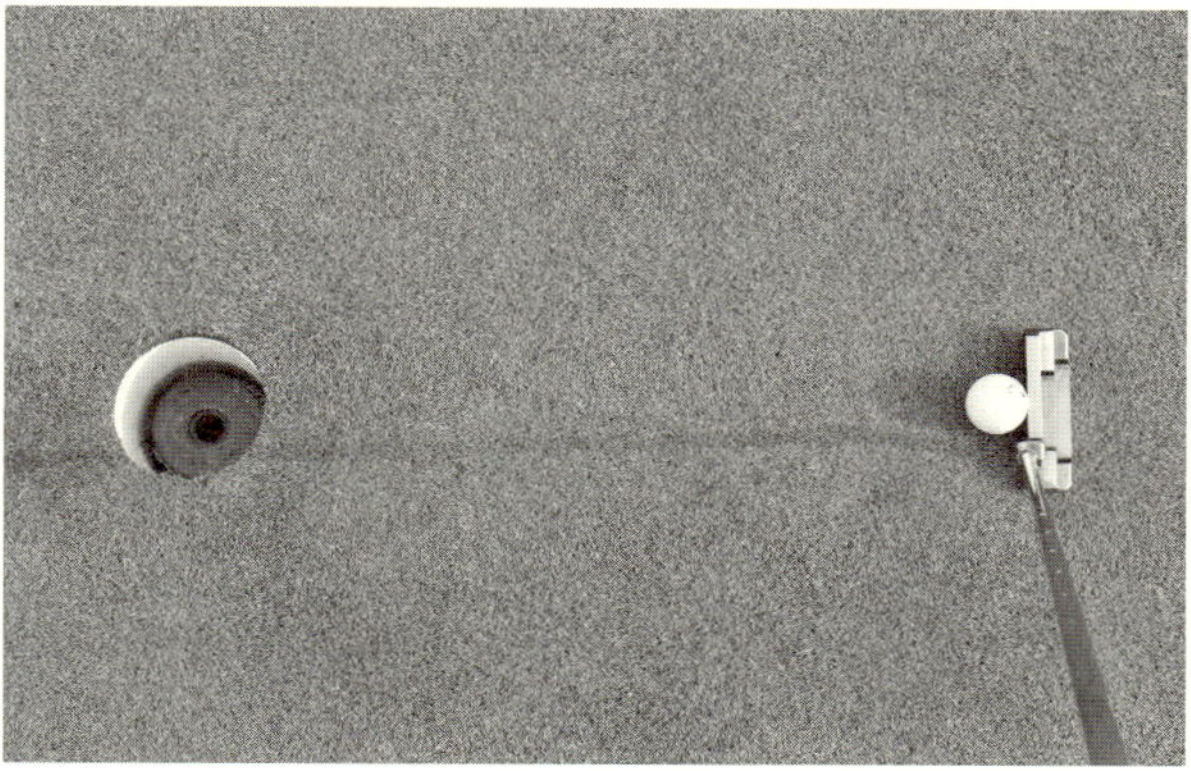

■シャフトが傾いたハンドファーストなインパクト

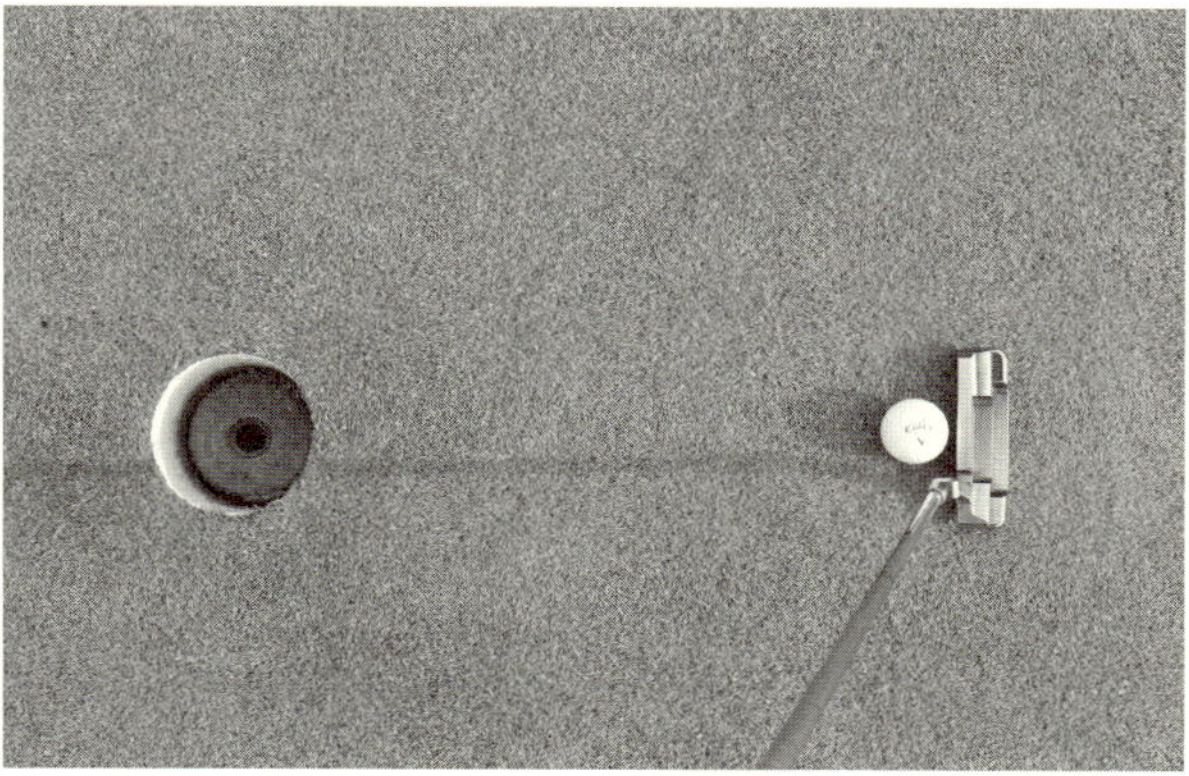

なおさら気持ちは昂ってきます。こうした状況では、本人はゾーンに入っていると感じているため、基本的に何をやってもうまくいくと思っているでしょう。

ところが、ゴルフというゲームが不思議なのか、人間のカラダが不思議なのか、このような状況に置かれたゴルファーは、必ず「入れるぞ!」という強い気持ちになります。この気持ちが強くなるほど、グリップは前に出やすく、ハンドファーストのインパクトになってしまうのです。これは、グリーン周りからのアプローチで、寄せたい気持ちが強くなるほどグリップが前に出て、シャンクが出るのと同じです。

すると、インパクトのロフトが本人のイメージより減ってオーバースピンが増えてしまうため、思い描いていたライン(カーブ)に対してボールが突っ込んでしまいます。ワンピンの距離なので、打った本人はそれほど強く打ったつもりはありません。どちらかというと、ジャストタッチできれいな弧を描いてカップインさせるつもりで狙ったのです。

それが、予想したラインより曲がらずカップの脇をかすめて通り過ぎ、なかなかボールが止まらないため結局1・5メートルもオーバー。

こうなると、「なんで曲がらなかったんだ?」「なんであんなにオーバーしたんだ?」と、その理由がわかりません。そうした不安な気持ちのまま返しのパットに臨むと、ボールはまたもカップを素通り。この３パットをきっかけにして、ゾーンどころかスコアを崩していく…。

えてして、こういったことはメンタル的に乗っているときに起きやすく、それによってインパクトで手が前に出てハンドファーストになりやすいのです。

アマチュアが高速グリーンで失敗する本当の理由

一方、アマチュアの方は高速グリーンでハンドファーストのインパクトになりやすい傾向があります。

アマチュアの方にとって、高速グリーンで緩まないインパクトをするのはとても難しいこと。そのため、高速グリーンになるとソフトなタッチのインパクトをイメージします。すると、テークバックもゆっくりとした、ルーズで大きなものになりがち。

そして、手を前に出しながらヘッドを減速させて距離を合わせにいくので、当然、インパクトではハンドファーストになってしまいます。すると、どんなに弱くボールをヒットしても、ヘッドが上から入るうえにハンドファーストなインパクトになるので、ロフトが立ってしまいます。

これではボールにオーバースピンが強くかかり、やはりノーブレーキで思ったところで止まってくれません。こうなると、止まるのはカップインしたときのみ。まさに事故のようなものです。

ロフトが立ったインパクトのデメリットは、これだけではありません。

パターに限らず、ロフト角が存在するすべてのゴルフクラブは、ハンドファーストになってシャフトが前方に傾くと、ロフトが立つだけでなく〝フェース面が右を向く〟という性質をもっています。そのため、ボールは飛球線より右に打ち出され、さらにロフトが立っていることで地面方向に押しつけられる力も加わります。

こうなると、仮にトップエッジやヘッドに刻まれたサイトラインがターゲットを向いていても、シャフトのポジションが右を向いているので、ボールは打ち出された途端に右へ

■ロフトが立ったインパクトのデメリット

ハンドファーストになるとロフトが減り、ボールに右下方向の力がかかる。

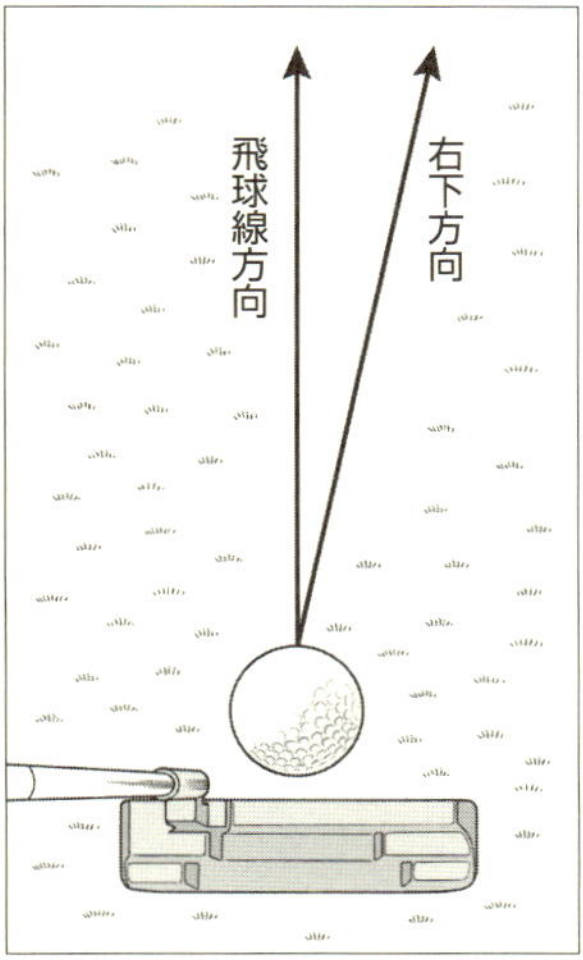

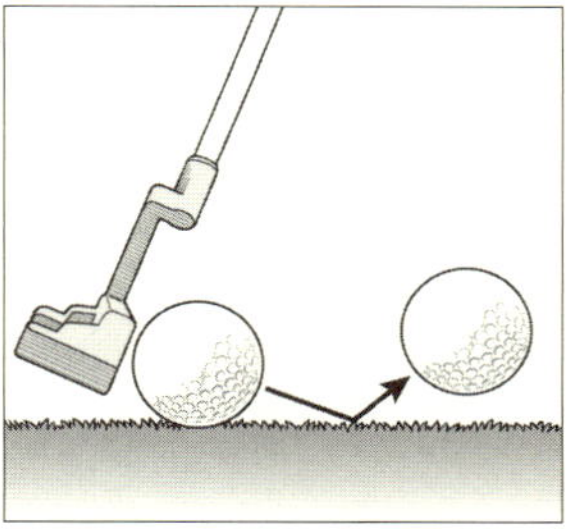

地面方向への力が加わることで、ボールが跳ねて飛び出す（上）。さらに、フェースが右を向くため、ボールも右方向に打ち出される（左）。

と進みます。また地面方向への力も加わっているため、グリーン面に跳ね返ってから転がり出すのです。

これは、打った途端にボールがラインから外れることを意味しています。

ここで、プロローグで紹介した「お先に」を外したBプロを思い出してください。

彼のケースでは、他のプレーヤーのラインを避けるための体勢がもとで、ハンドファーストにしたシャフトの傾きの度合いより極端にフェース面を下に向けてしまったため、フェースがかぶってカップの左に外れました。わずか50センチのパットを外した理由が、まさにこれなのです。Bプロはシャフトの傾きとロフト角の働きを知らなかったか、それほど意に留めていなかったのでしょう。

3～4度というとても小さな角度ですがパターにもロフト角があること、そしてそれを生かすにはシャフトの傾きが重要で、そのマッチングによってボールがどのように打ち出されるのかを認識することが、良いパット、入るパットを身につけるためのファーストステップになるのです。

【ハンドファーストを矯正するドリル】

ではここで、ロフトを殺してしまうインパクトを矯正するドリルを紹介しましょう。

そうなってしまう原因は、テークバック初期にヘッドを持ち上げてしまうことにあります。ヘッドが持ち上がると、インパクトでヘッドが上から入るため、どうしてもロフトが立ってしまうのです。

これを矯正するには、ヘッドを低く引き、フォローも低く出すことが大切になります。ヘッドが低い位置を動けば、ロフト角をキープしたままインパクトすることができるのです。

まず、理想的なヘッドの動きを説明しましょう。

①テークバックでボール後方から右足内くるぶしまで（約20センチ）は、地面を擦るようにヘッドが動く。

②20センチの地点から、徐々にヘッドは離陸していく。
③切り返し後、右足内くるぶし付近（ボールの約20センチ手前）でヘッドは再び低いポジションに着陸。
④インパクトまで、低い位置をキープ。
⑤インパクト後、徐々にヘッドは離陸。
⑥フォローからフィニッシュへ向かう。

パターのソールが軽く地面にあたり、ブラッシングするようにヘッドを動かします。

この練習のポイントは、ボールの後方から右足の内くるぶし付近まで（約20センチ）は、テークバック時もダウンスイング時も、ソールが地面を擦るくらい低くヘッドを動かすこと。なぜなら、このボールと右足内くるぶしの間が〝キープロフト・ゾーン〟で、このゾーンをヘッドが低く動けば、パター本来のロフト角を維持したままボールを打つことができるのです。

このドリルは、パターヘッド本体にボールを装着できる『ロール&ロールパター』を使

【ハンドファーストを矯正するドリル】

20センチのキープロフト・ゾーンがわかるよう目印をつける。

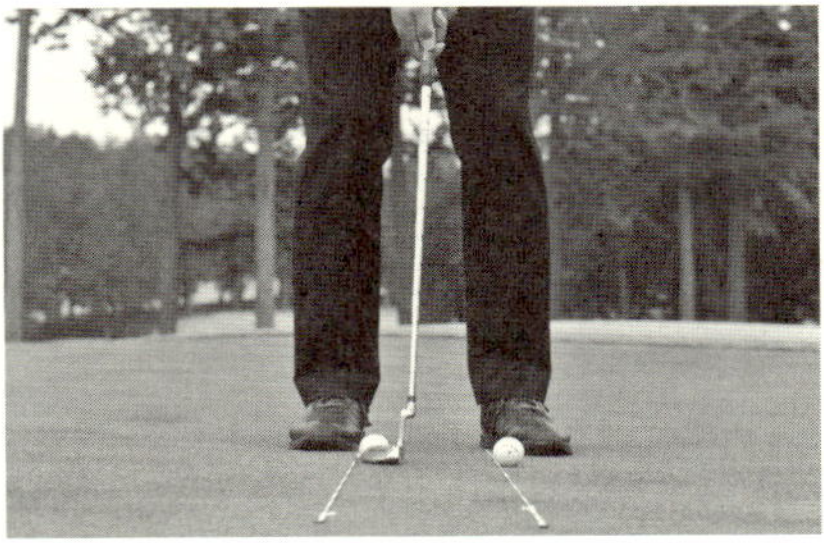

20センチ地点までは、ソールが地面を擦るようにテークバックする。

20センチ地点を過ぎたら、ヘッドを徐々に離陸させる。

20センチ地点でソールが地面につくよう切り返す。

20センチ地点でソールが地面に着地する。

インパクト。

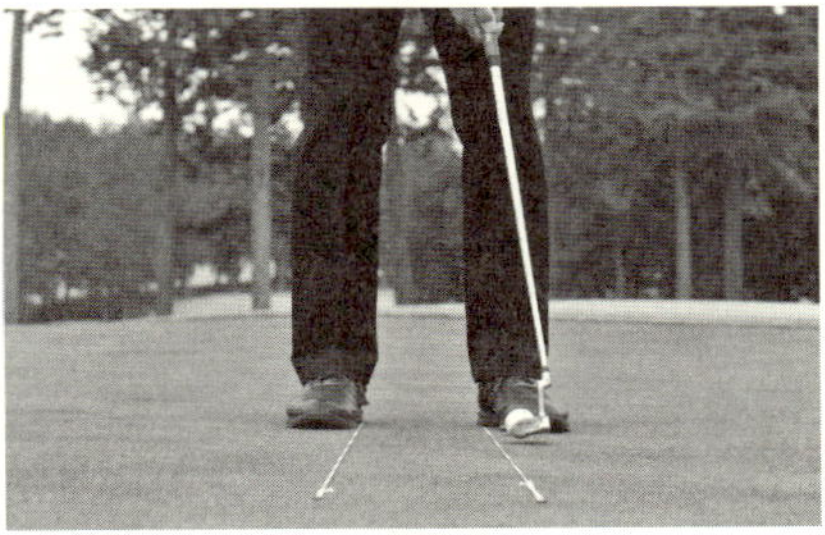

インパクト後は、徐々にヘッドが離陸していく。

フォロー。

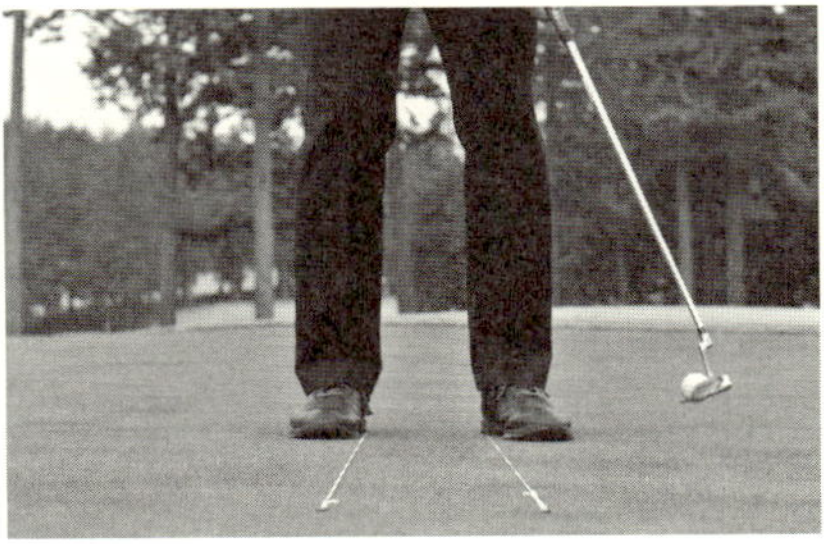

フィニッシュ。

うと、とても効果的に練習できます。その理由はヘッドが低く動くと、本体に装着されたボールが地面を擦って回転するため、低く動いているかどうかを目で確認できるからです。

このドリルを行うと、あることに気づくと思われます。それは、キープロフト・ゾーンでソールが地面を擦るようにストロークしてロフト角を維持するには、一般的にストロークの理想といわれる「振り子型ストローク」ではムリだということです。これについては、次項で詳しく説明していきましょう。

「振り子型ストローク」の弱点とは？

キープロフト・ゾーンでソールが地面を擦るようにパターを動かすには、キープロフト・ゾーンではグリップが平行に動き、その後グリップ位置が支点となってパターヘッドが上昇していくことになります。

振り子型ストロークと、私が〝ビリヤード型ストローク〟と呼んでいる、ロフトを殺さ

■テークバック初期でヘッドを持ち上げる悪い例

腕や手を使ってテークバックすると、ヒジが曲がってパターヘッドが急上昇する（右上）。その位置からインパクトに向かうと、グリップが前に出てシャフトが傾いてしまう。するとハンドファーストになり、フェースが下を向いてロフトが立ってしまう（左下）。

■テークバックでヘッドを持ち上げたときの動き

右足の前にヘッドが来たとき、地面から離れた高い位置にあるのは持ち上げている証拠。

■テークバックでロフトがなくなっている動き

アドレスのロフト角がテークバックの過程で減っていき、トップではマイナスロフトになっている。

ないストロークの違いを、次ページに簡単なイラストで表しています。ビリヤードではキューを平行に動かしてボールを撞きますが、パッティングでもキープロフト・ゾーンではヘッドを平行に動かすことが大切なため、そう名付けました。

振り子型ストロークの理論では、首の付け根を支点にして、そこを動かさずに肩・腕・パターを一体化させ、ヘッドに振り子運動をさせてボールを打つことを指導しています。こうすることでヘッドの軌道がブレず、またフェース面の向きも変わらないため、狙ったところにボールを打ち出せると説いています。

そして振り子理論では、フェース面の向きがターゲットに対して常にスクエアになっていることが最も重要で、それゆえに振り子型ストロークがパッティングに最も適しているという論法になっているわけです。

この振り子理論に基づいたロボットやストロークマシンでさまざまな実験を行い、数多くのデータから振り子型ストロークが最良であると結論づけています。

確かに、フェース面スクエアはパッティング上達の大切なポイントだといえますが、フェース面至上主義でロフト角に無頓着だと、先にも触れたプロでも犯すようなミスを招き

■振り子型ストローク

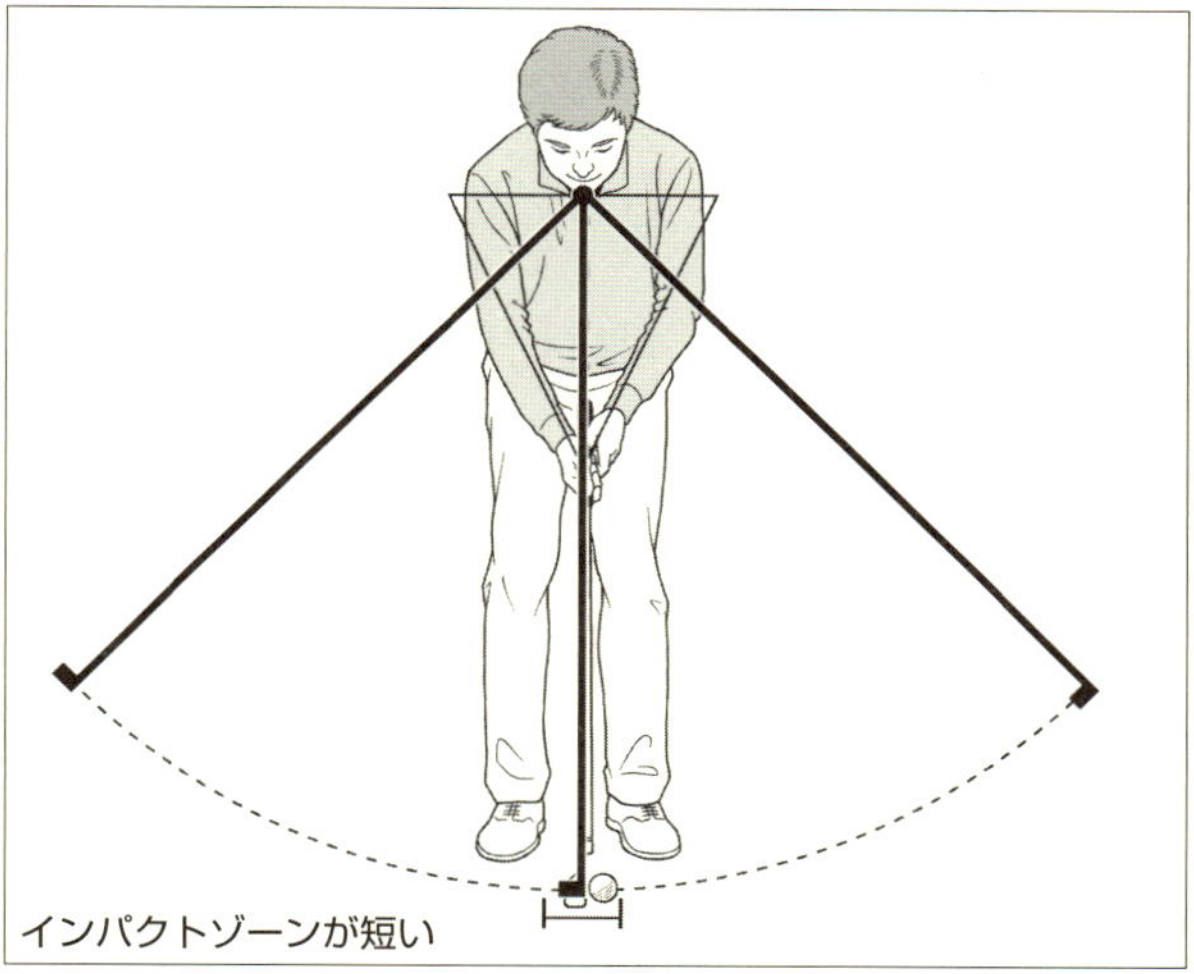
インパクトゾーンが短い

■ビリヤード型ストローク

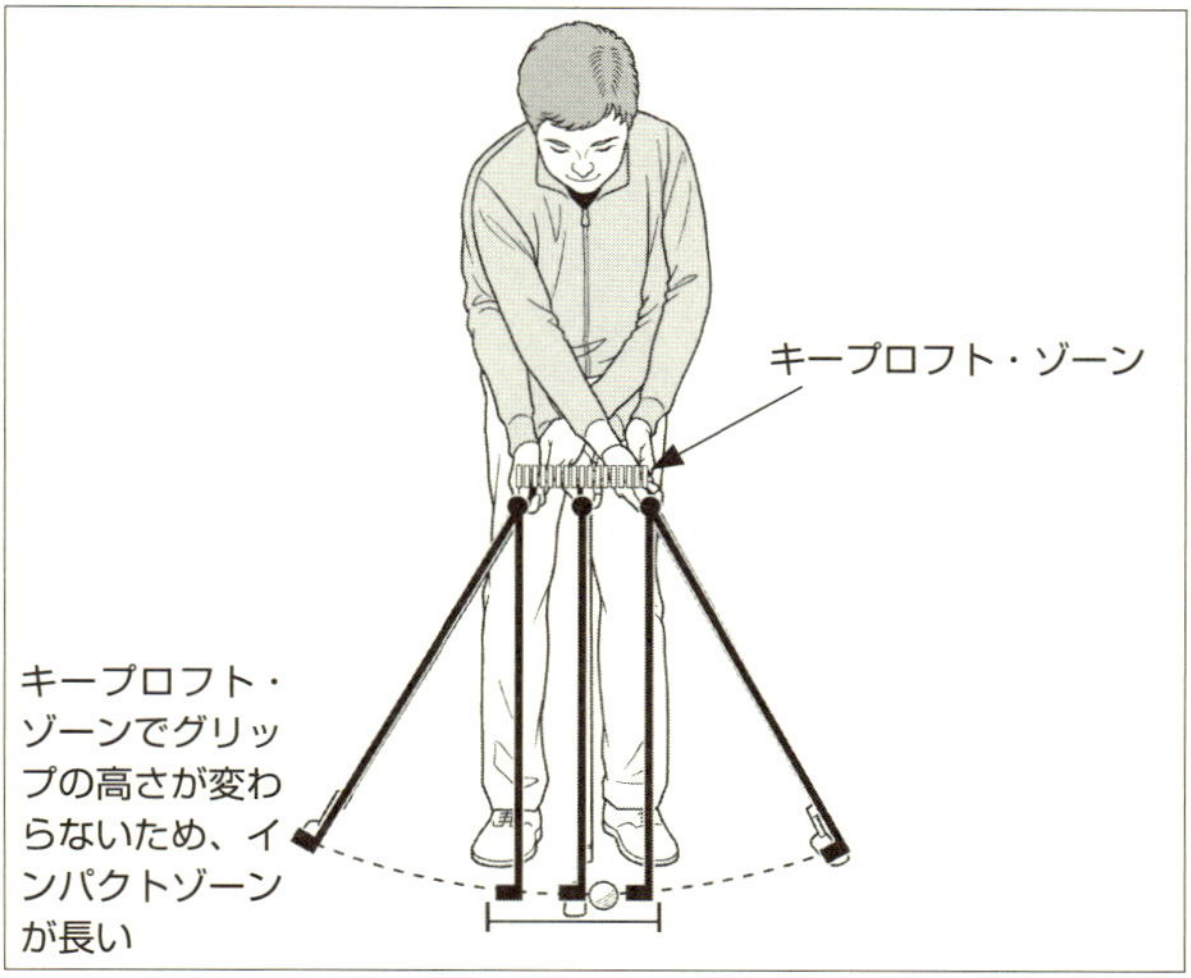
キープロフト・ゾーン
キープロフト・ゾーンでグリップの高さが変わらないため、インパクトゾーンが長い

かねません。

また、振り子型ロボットやマシンより、人間の方がはるかに高度な感覚と動きを持ち合わせているため、見た目には振り子型に見えても、人間の感性やフィーリングはもっと高次のパフォーマンスを行っているのです。

なんといっても、振り子型ストロークは円軌道なので、直線のベクトルで打ち出されるボールとの接触時間が短いという弱点があります。

一般的に、ドライバーショットもアイアンショットも、パターのストロークに比べるとアーク（円弧）が大きいという影響もあり、ボールとヘッドの接触時間が長い完全衝突型インパクトが良いとされています。完全衝突では、ヘッドのエネルギーとボールが打ち出される方向が同一線上で働くので、それが長ければ長いほどボールにエネルギーを伝えられるうえ、方向性も良くなるという仕組みです。このことから、アベレージゴルファーによく見られるカット打ちは「点のインパクト」になるため、矯正すべきだといわれるのです。

ところが、パッティングに限っては接触時間の短い振り子型ストロークが良しとされていることが、ある意味不思議でなりません。理想のインパクトを実現するには、ドライバーであれアイアンであれ、もちろんパターであれ、いわゆるインパクトゾーンを長くすることが重要なのです。

“パター全体”をストロークする意識を持つ

振り子型ストロークと並んでよくいわれるのが、「パターヘッドを真っすぐ引いて、真っすぐ出せ」ということ。

この言葉は、ターゲットに対してフェース面をスクエアに保ってストロークしなさいということで、これがターゲットに対してボールを真っすぐに転がすための最重要ポイントだというわけです。

確かに、フェース面がターゲットより右を向いた状態でインパクトすればボールは右へ、左を向いた状態でインパクトすればボールは左へ打ち出されます。

しかし、ヘッドを真っすぐに動かそうとすると、どうしても振り子型ストロークにならざるをえません。これでは、インパクトゾーンが短いというデメリットを克服することができないのです。

また、パターは大別するとヘッド、シャフト、グリップの三つから成り立っていますが、ヘッドの動きだけに集中するとシャフトやグリップの動きを感じることができず、再現性の高い安定したストロークは得られません。もしパターがヘッドだけで作られたクラブなら、ヘッドを真っすぐ動かすことだけに集中すれば、思ったところにボールを転がすことができるでしょうが…。

パッティングは、まずヘッドやフェース面ありきではなく、「ヘッド＋シャフト＋グリップ」という〝パター全体〟をストロークするという意識が大切なのです。

では、パター全体をストロークするとは、どういうことなのでしょうか。パター全体とは、すなわち〝パター全体の重さ〟のことで、およそ５００グラム前後あるパターの全重量をターゲットに向かって振るということです。

多少の違いはありますが、パターの重量はおよそ５００グラムです。ということは、

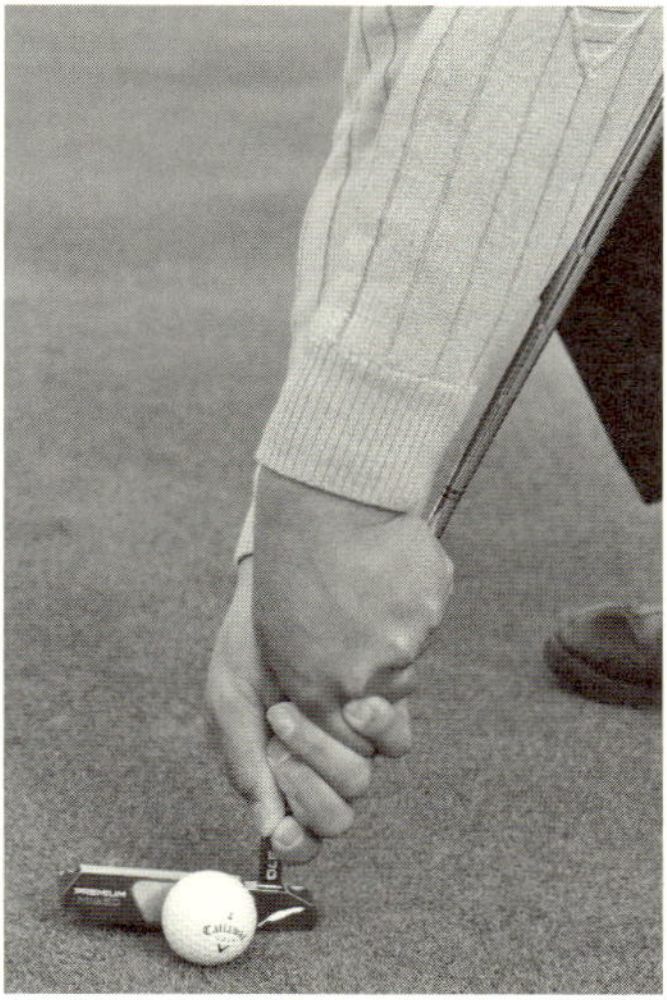

仮にパターがヘッドだけで構成されているなら、ヘッドを真っすぐ動かすことだけに集中すれば、思ったところに打ち出せるが…。

500ミリリットル入りのペットボトルにミネラルウォーターが満タンになっているときとほぼ同じ重量です。

パッティングをするとき、ゴルファーはペットボトル1本分の重さを振っているわけですが、パターとペットボトルでは形状が違うため、振ったときの感覚はまるで違うものです。

しかし、その違いを感じとったうえで、まったく同じものを振るようにストロークすることが、パター全体の重さを振ることにつながります。

「フェース面至上主義」の弊害

簡単にいうと、ゴルファーはペットボトル1本分の重さでボールを打っていて、その重さをターゲットに対して真っすぐ振れば、ボールも真っすぐ転がるのです。

実際に満たされたペットボトルを持ち、ターゲットに対して真っすぐ動くように振ってみてください。このときあなたは、下にしたキャップの部分を真っすぐに振ろうとか、アウトサイドインにならないように振ろうとか、軌道がギザギザにならないように振ろうなどとは考えないでしょう。ごく単純に、両手で握られたペットボトルをターゲット方向に真っすぐ振るはずです。

しかし手にしたものがパターになると、ヘッドを真っすぐにとか、ヘッドがアウトサイドインに動かないようにする、などということにとらわれてしまうのです。このような、ヘッドやフェースの動き、向きにとらわれている〝フェース面至上主義〟の人は、パッティングが最も上手くならないタイプです。

とはいえ、フェース面が重要であるのは紛れもない事実です。しかし多くのゴルファーは、フェース面とストローク軌道のミスがセットになってしまっているので、実に複雑な動きをしています。

「アドレスのフェースやストローク軌道が右向き↓インパクトでフェースを返す」

「アドレスのフェースやストローク軌道が左向き↓インパクトでフェースを開く」

これではまるで、

「右に蹴るとみせかけて左に」

「左に蹴るとみせかけて右に」

といった動きになり、サッカーのＰＫ戦には有効かもしれませんが、ゴルフには必要ありません。

逆説的に考えてみると、クラブ全体の重さがカップに対して真っすぐストロークできていれば、フェースの向きをあえてカップの外に向ける必要があるでしょうか？

パッティングは〝パター全体が真っすぐ動いた結果、ヘッドやフェースも真っすぐ動く〟というのが正解で、フェースの向きが優先順位の一番というわけではありません。パター全体の重さをカップに対して真っすぐ動かせば、自然とフェース面もカップを向き、再現性の高い安定したストロークになるのです。

自分のクラブのバランスポイントを見つけよう

ヘッドをターゲットに対して真っすぐ動かすのではなく、パター全体の重さをターゲットに向かって真っすぐ動かす。このことで、結果的にヘッド及びフェースがスクエアになるわけですが、ストローク中にパター全体の動きを意識するのは不可能です。

とはいえ、ゴルファーには全体の動きを把握するなにかしら目安が必要で、それがクラブの〝バランスポイント〟になります。

バランスポイントとは、パターを指先に乗せて、左右のバランスのとれる位置のこと。ここがパター全体の重さの中心になります。つまり、パター全体の重さを真っすぐ動かす、真っすぐ振るとは、バランスポイントを真っすぐ動かす、真っすぐ振るということです。

また、バランスポイントはパター全体の重心位置なので、ここをターゲットに向かって

■バランスポイントの見つけ方

指先にパターを乗せて、左右のバランスがとれる位置を探す。

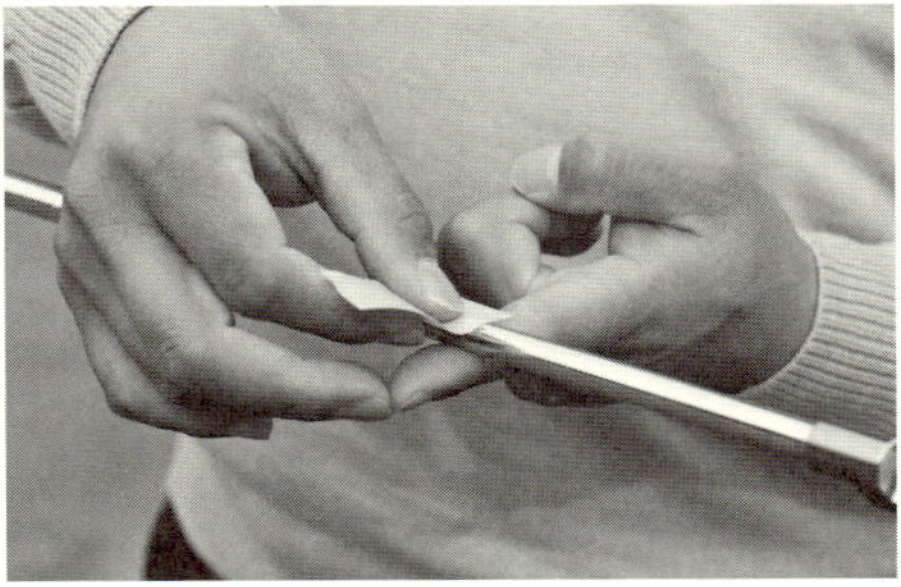

その位置に目印となるテープなどを巻き付ける。

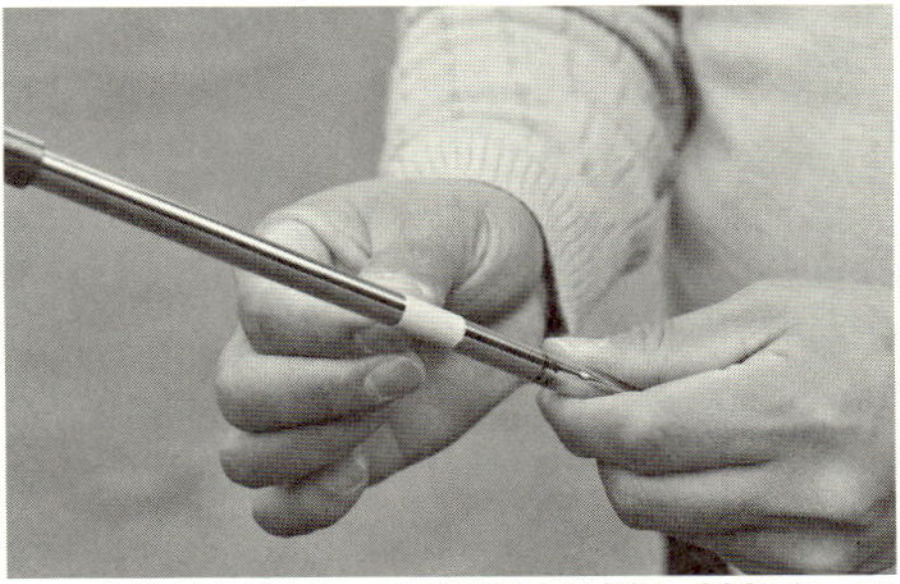

バランスポイントの完成。

※バランスポイントにテープなどの目印をつける行為は、公式戦ではルールに抵触する可能性があります。スタート前に、競技委員に確認してください。

真っすぐ振れるように練習すると、フェース面をターゲットに真っすぐ振る技術も磨かれます。

そして、バランスポイントを真っすぐ動かすと、重心距離（ヘッドの重心からシャフト軸線までの距離）のあるパターはテークバックではフェースが開き、フォローではフェースが閉じます。

ドライバーもアイアンもパターも、重心距離のあるゴルフクラブはすべてバランスポイントを真っすぐ動かすとフェースが自然と開閉するように設計されています。

ところが、ネオ・マレットパターに代表されるフェースバランスパターは、重心距離がないためバランスポイントを動かしてもフェースが開閉しません。したがって、フェースバランスパターはゴルフクラブとしては異質かつ特異なものなのです。

その証拠に、1900年代初頭、「スケネクタディ」というセンターシャフトのパターがありましたが、ルールに抵触しているとして使用禁止になった期間がありました。また、シャフトの延長線上の真下にヘッドの重心があるためノートルクで操作性が良いとされた「ZAAP」というパターもありましたが、これもほどなく市場から消えてしまいました。

■バットの重心位置

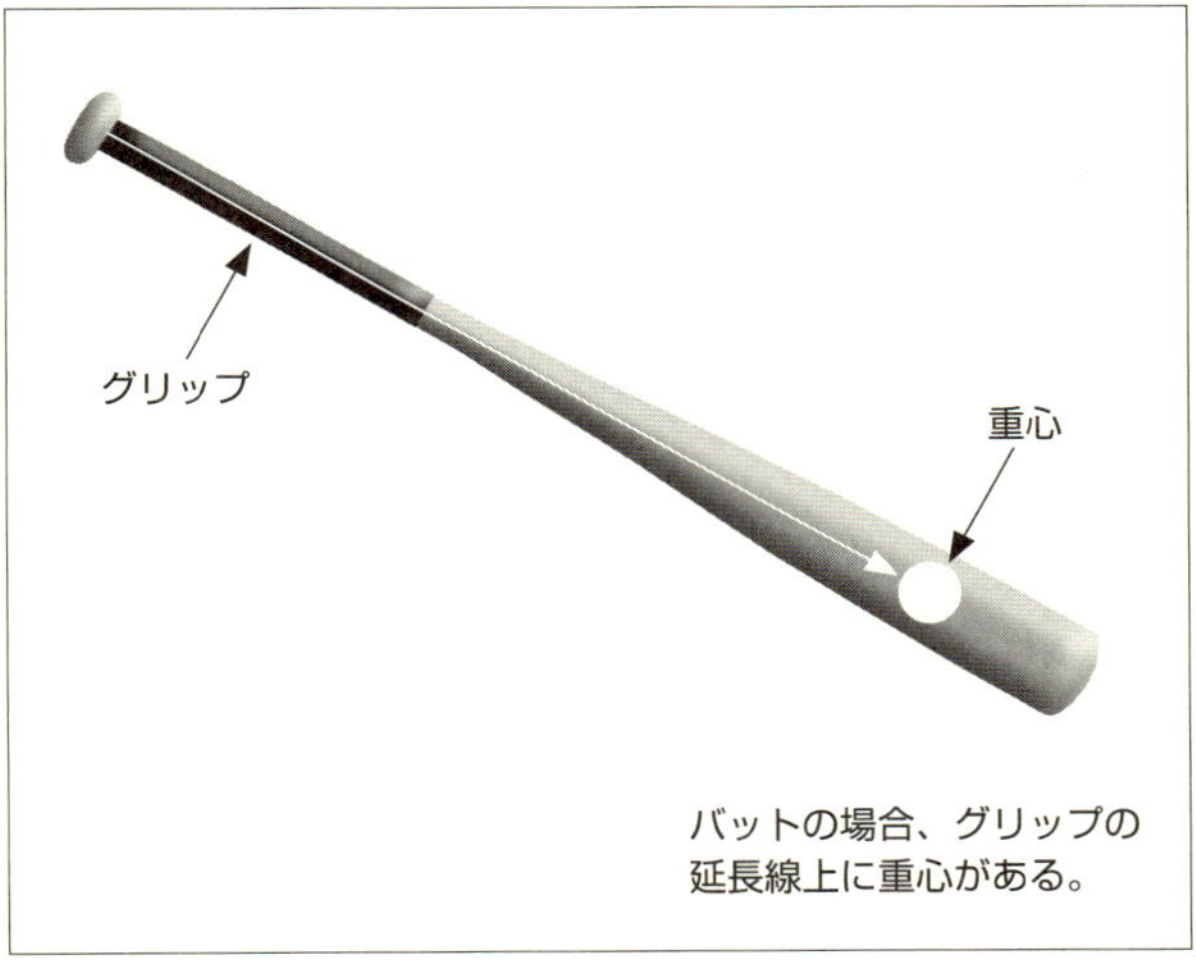
グリップ
重心
バットの場合、グリップの
延長線上に重心がある。

■パターの重心位置

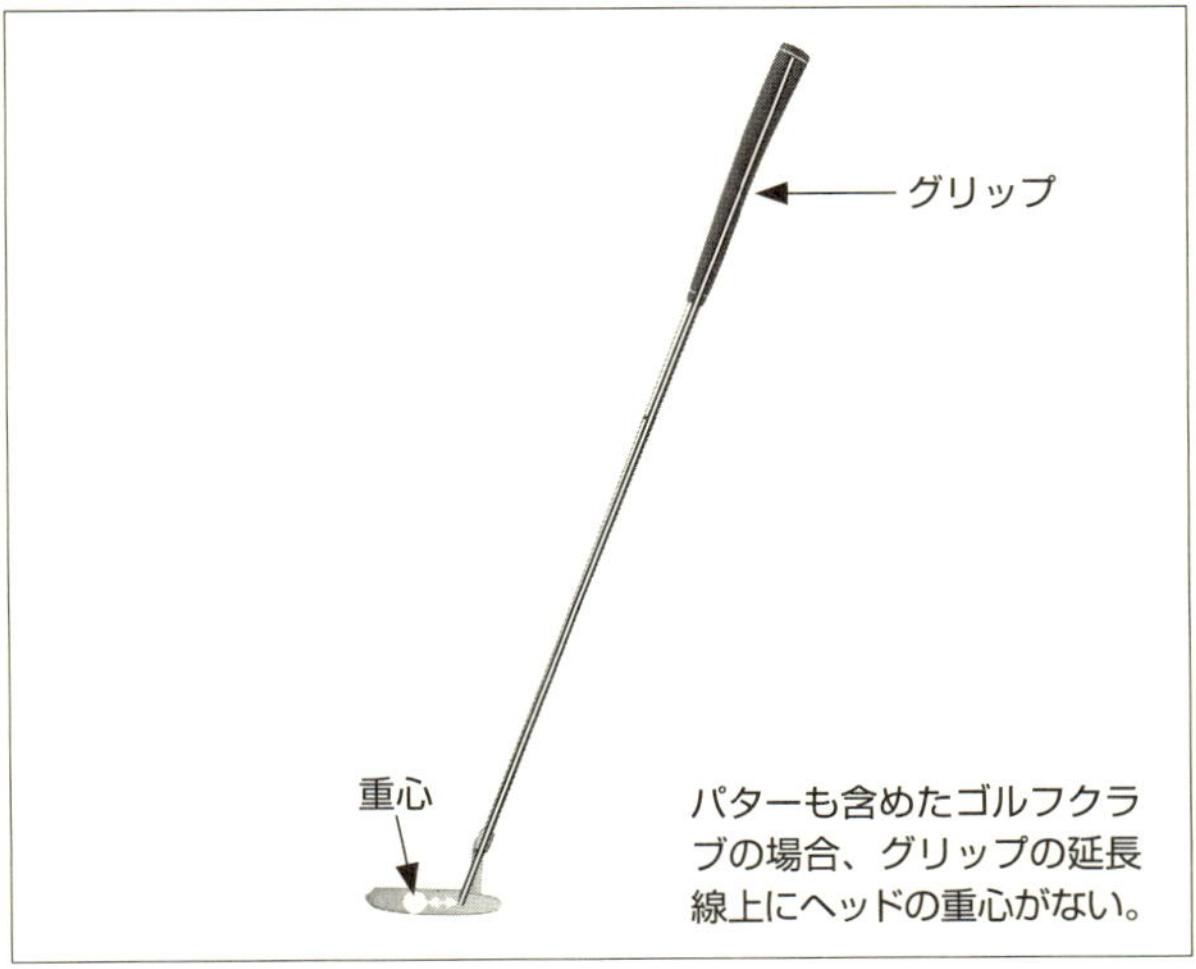
グリップ
重心
パターも含めたゴルフクラ
ブの場合、グリップの延長
線上にヘッドの重心がない。

このことから、ゴルフというゲームは重心距離のあるクラブでボールをつかまえ、なおかつそのボールを目標方向へ飛ばす技術を競うスポーツなのです。重心距離があるからこそフェースの開閉が発生し、しっかりとボールをとらえることができるのです。

パッティングも、ヘッドとボールが直接コンタクトするという点で、インパクト力学から見ると他のショットとまったく同じ。異質なショットというわけではないのです。

ヘッドスピードの遅いパッティングでも、ヘッドとボールが衝突する以上、必ず衝突の衝撃によるヘッドの「当たり負け」があり、ヘッドが当たり負けるとフェースが開くため、ボールは右へと転がり出します。

これはドライバーショットでいうところのコスったスライスと同じで、弱い弾道にしかなりません。パッティングでいうなら、芝目に大きな影響を受ける弱い転がりということです。

ちなみに、最近流行のネオ・マレットパターは重心距離のないフェースバランス設計ですが、重心深度が深くなっているので「当たり負け」には強いパターだといえます。

■フェースが開閉してもバランスポイントは一定

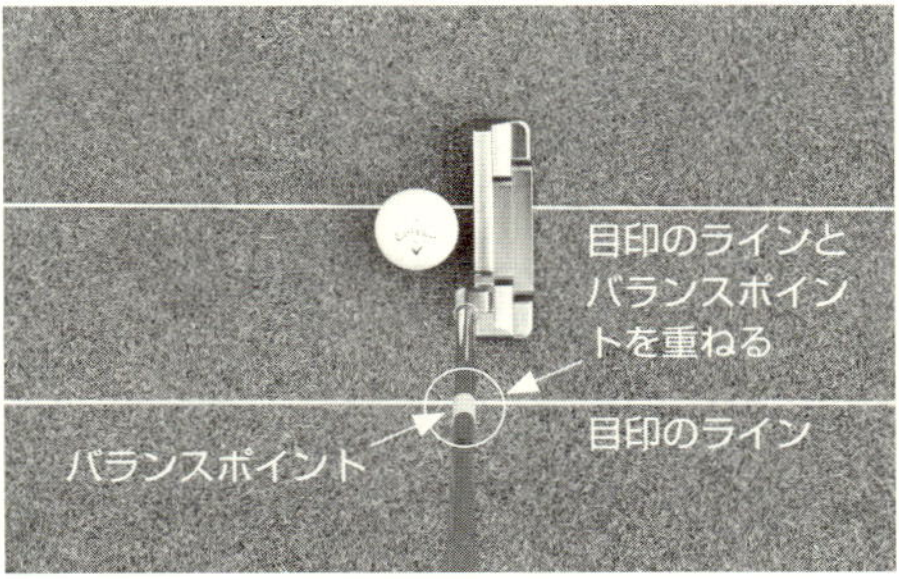

バランスポイントを真っすぐ動かすための目印となるラインを引き、そのラインとバランスポイントが重なるようアドレスする。

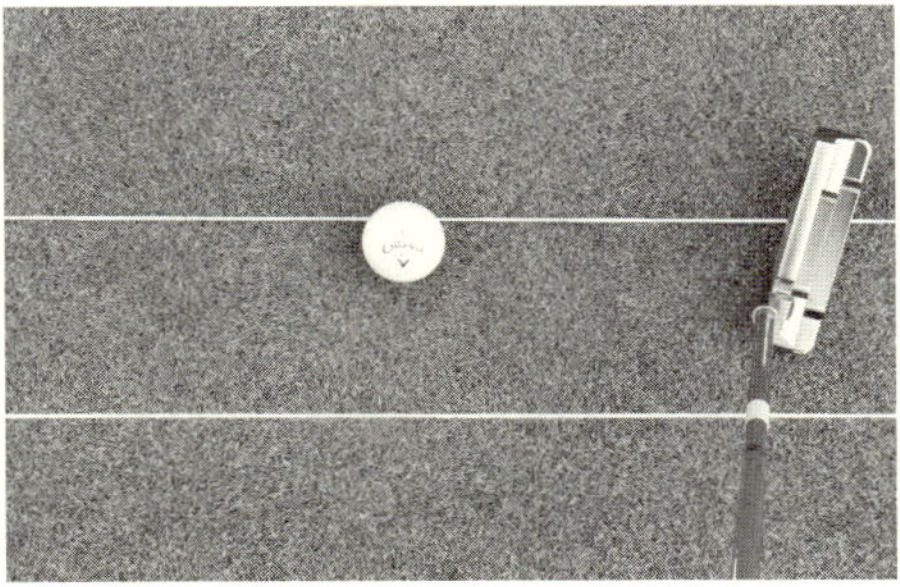

バランスポイントが目印のラインから外れないようテークバック。すると、フェースは自然と開く。

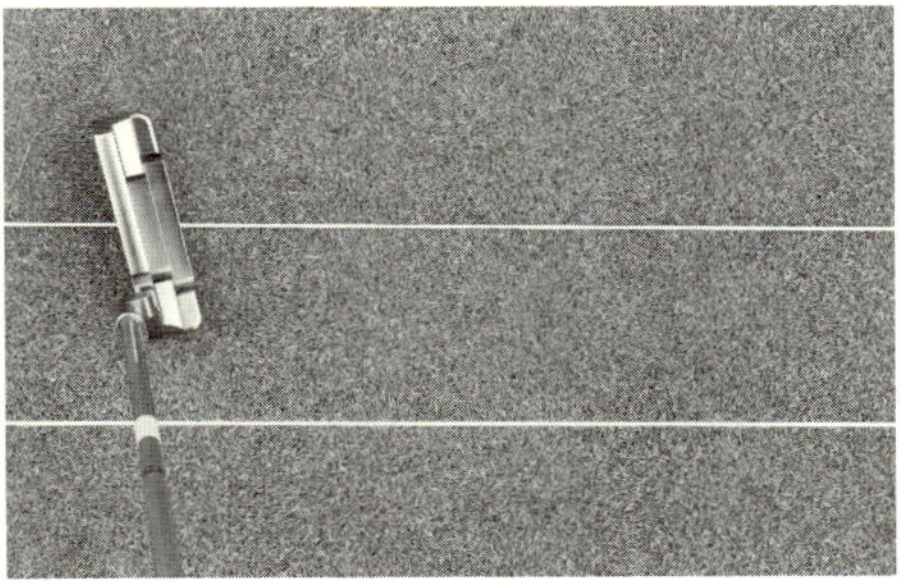

バランスポイントがラインから外れないようフォロー。すると、フェースは自然に閉じる。

■フェースバランスではフェースの開閉がない

重心距離のあるアンサー型パターは、フォローでフェースが閉じて、左を向くのが正しい。

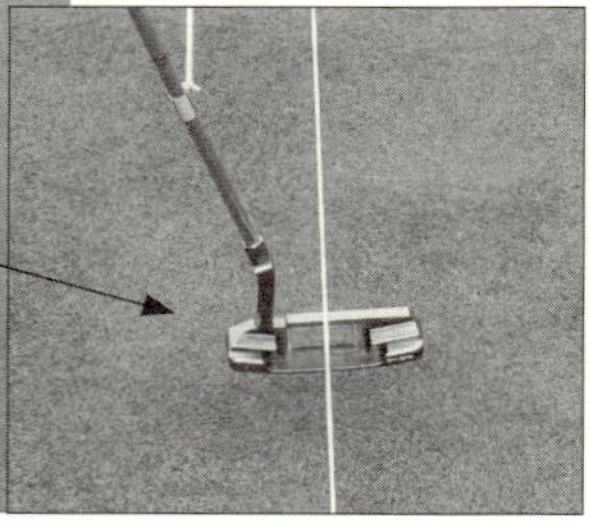

フェースバランスのネオ・マレットパターは、フォローでフェースが閉じず、やや右を向きやすい。

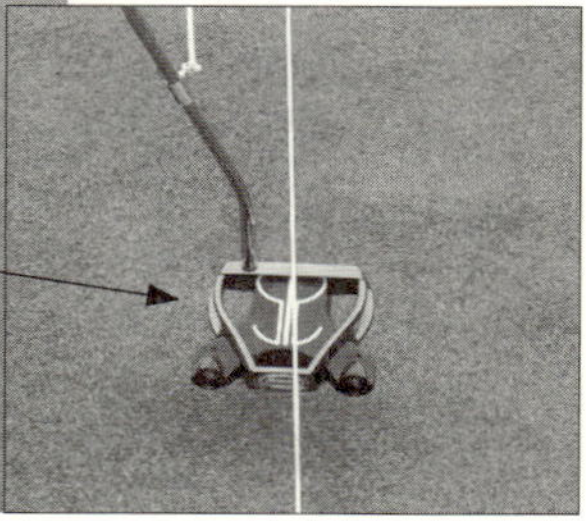

バランスポイントとヘッドには距離がある

73ページと77ページで、バランスポイントの見つけ方とバランスポイントを真っすぐ動かしたときのフェースの状態を紹介しました。バランスポイントを見つけ、そこを真っすぐ動かすとフェースが開閉することがわかったと思います。

次に、バランスポイントを真っすぐ動かすドリルを紹介しますが、その前に、バランスポイントを真っすぐ動かすうえでの、重要なポイントをお話しします。

バランスポイントはどんなパターにも存在し、そこを真っすぐ動かすことがパター全体の重さをストロークすることになるわけですが、実際にボールをヒットするのはやはりヘッドです。そのため、バランスポイントとヘッドの関係を理解しておく必要があります。

次ページの写真を見てください。Aはバランスポイントとヘッドの間隔を広くするためにあえてハンドダウンに構えたものです。Bは、バランスポイントとヘッドの間隔がなくなるように極端にハンドアップに構えたものです（Cは、Bを別角度から見たもの）。

このように、バランスポイントとヘッドには距離（幅）があり、この距離はパターのラ

■構えによってバランスポイントとヘッドの距離は変わる

バランスポイントとヘッドには、距離（幅）がある。ハンドダウンに構えると、その距離が広がる（写真では、「距離」がわかるよう、極端なハンドダウンに構えています）。

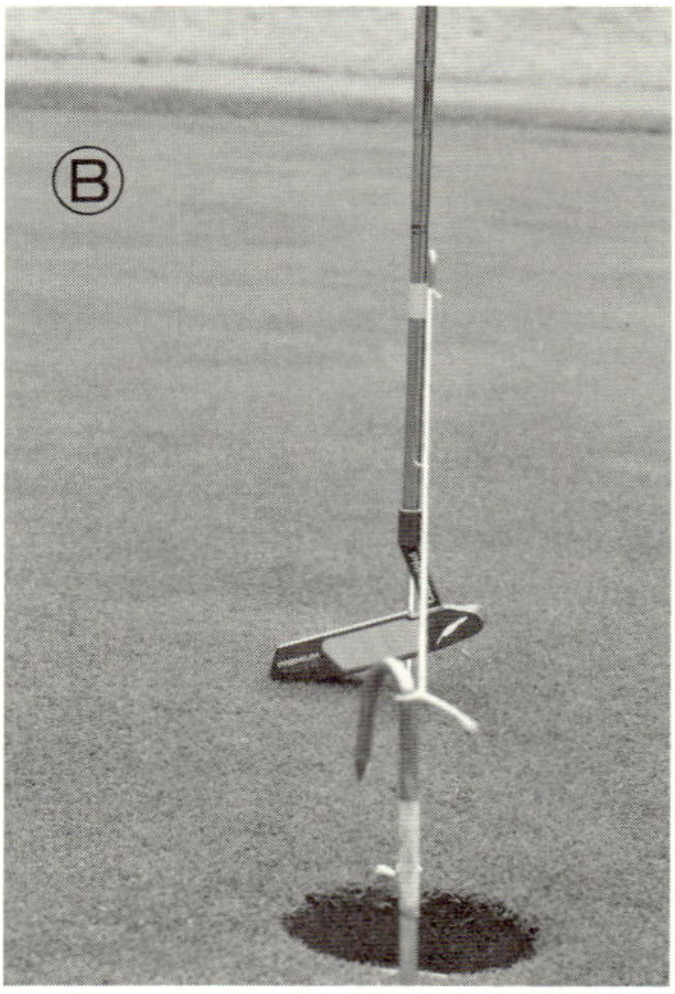

極端にハンドアップに構えるとバランスポイントとヘッドの距離（幅）はなくなる（写真では、強調するため極端なハンドアップに構えています）。

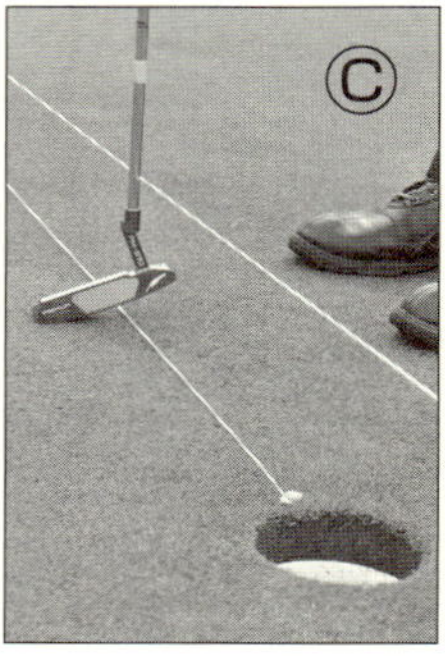

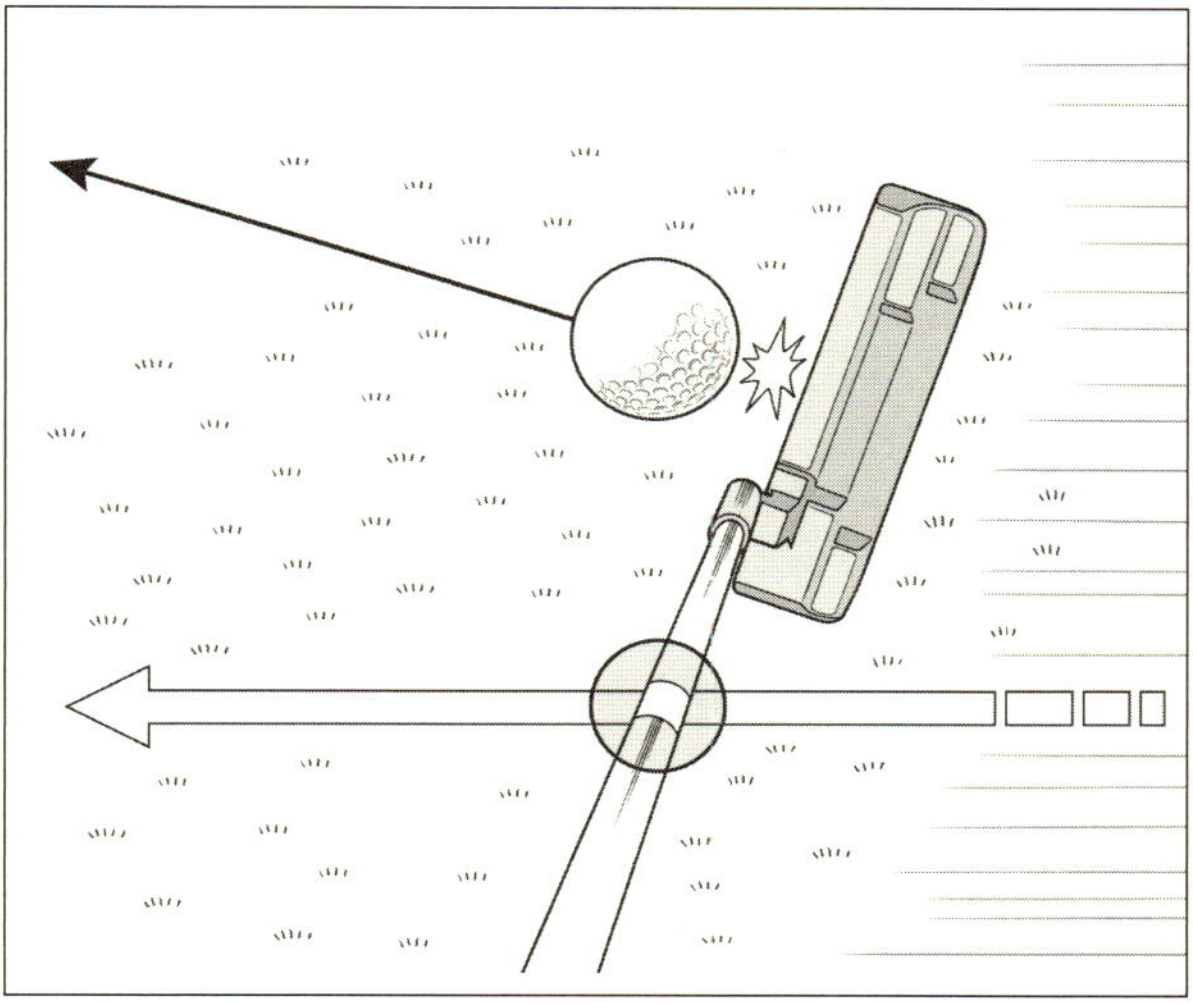

イ角や構え方で変化します。ハンドダウンに構えれば距離は広がり、ハンドアップに構えれば距離は狭くなるのです。まず、このことをしっかりと理解してください。

バランスポイントとヘッドに距離があることがわかれば、パター全体の重さに対して、実際にボールを打つヘッドがどこに位置しているかが理解できます。ボールは、あくまでもバランスポイントの先にあるヘッドで打つものですから。

このバランスポイントとヘッドの位置関係を理解できないと、上のイラストのように、「バランスポイントは真っすぐ動く。でも、このパットはフックラインだから右に打たなければいけない。ということは、インパクトでフェースを開いて右に打てばいいんだな」といった誤解を招くことになります。

フックであろうとスライスであろうと、もちろんストレートであろうと、どんなラインでもバランスポイントの動く軌道に対して、ボールは必ず平行に打ち出されます。そのため、フックラインならバランスポイントの動く軌道を右向きに、体も右向きに構える必要があるのです。

【バランスポイントを真っすぐ動かす「ゴムひもドリル」】

84ページからのゴムひもドリルは、バランスポイントにゴムひもを取り付け、また、ターゲットラインにもそれを示すひもを張り、2本が平行な状態になるようにして練習を行います。バランスポイントとヘッドの距離（幅）の変化によって、バランスポイントを真っすぐ引いて真っすぐ出せているかが一目で確認できるわけです。

また、ゴムひもの張力を利用するため、スムーズなストロークを身につける練習にもなります。

良いストロークは、基本的に「ひと引き→ひと戻し」のテンポ（速度）。すなわち、テークバックの速度と切り返してフィニッシュするまでの速度が同じでなければいけないのです。

言い換えれば、テークバックをゆっくり引いて、ダウンスイングで急激に速度がアップするようなストロークは完全にＮＧだということ。振り幅の大きさにかかわらず、ストロークは〝等速〟となるべきで、等速に「速い」「遅い」はありません。したがって、テークバックを速く動かしたら、そのまま一気にフィニッシュへ。ゆっくり動かしたら、下りの速いラインのような静かなストロークになります。

ところが多くのアマチュアゴルファーは、テークバック→切り返し→ダウンスイング→インパクト→フォロースルーという流れの中で、加速と減速を繰り返す断続的なストロークをするため安定したパッティングにならないのです。

ゴムひもドリルは、このような悪癖を直す高い効果があります。ポイントは、ゴムの張

【ゴムひもドリル】

バランスポイントにクリップのついたゴムひもをつけ、一方をカップの先に固定します。このとき、ゴムひもはピンと張り、パターに抵抗がかかるようにします。もう1本ひもを用意し、ターゲットライン上に張ります。ターゲットラインを示したひもと、バランスポイントに取り付けたゴムひもが平行になるようにセットし、アドレス。

ゴムひもの抵抗を感じながら、ゆっくりとテークバック。バランスポイントに取り付けたゴムひもがターゲットラインと平行になるように引きます。最初のうちは、トップで一度止めてもいいでしょう。

止まっていたヘッドをゴムひもの張力を利用してインパクトに向かいます。このときも、２本のひもは平行をキープ。

バランスポイントを真っすぐ引いて真っすぐ出せないと、このようになります。

力に委ねて打つということ。アドレスでは、ゴムひもの抵抗をある程度感じるところまでパターを引きます。そして、テークバックでゴムひもをさらに引っ張ったら、トップでいったん停止。そして、ゴムひもの張力だけでダウンスイングしてボールを打ちます。

自分からボールを打ちにいくと、フォローでゴムひもが緩んでしまいます。しかし張力に委ねれば、フォローでゴムひもが緩むことはありません。

パッティングに限らず、ショットにおいても「自分から打ちに行く」ような突っ込み感があるのは悪いストロークといえ、それを矯正するのがゴムひもドリルなのです。

フォローでゴムひもが緩まないように打つということは、あらかじめフィニッシュのポジションを自分でしっかりとイメージし、そこでパターヘッドを止めるということ。フィニッシュのポジションは、自分でコントロールしなければならないのです。正しくできると、ヘッドは自分のイメージした位置でピタッと止まります。

また、打つことをゴムひもに委ねると、自然と理想的な方向にヘッドが出るうえ、バランスポイントと飛球線の平行もキープされます。この感覚をつかむことが、前述したビリヤード型のストロークにつながっていくのです。

ゴムひもドリルを繰り返し練習したら、ゴムひもを外して練習を行います。このとき、ゴムひもによってヘッドが引っ張られる感覚を忘れないようにしてください。これを忘れなければ、フィニッシュがピタッと決まったストロークができます。

また、切り返し後、自分で打ちにいかないことも注意してください。ヘッドがゴムひもの張力で自然と戻るような感覚でストロークすれば、「ひと引き→ひと戻し」のストロークが身につきます。

ビリヤード型ストロークは体重の入れ替えで行う

ここまで、最も一般的な振り子型ストロークがなぜ最終結論ではないのかということを、バランスポイントという観点から紹介してきました。ここでは、究極の「ビリヤード型ストローク」を完全に身につけるための、そのカギとなる部分を解説していきましょう。

いわゆる「振り子型ストローク」ではどうしてもインパクトゾーンが短く「点」になっ

てしまうのに対して、ビリヤード型ストロークでは、キープロフト・ゾーンでヘッドが平行移動に近い動きをするため、インパクトゾーンが長くなります。また、ボールを打ち出す方向とヘッドが動く方向が同一線上に重なるため、力学的には完全衝突型のストロークともいえるのです。

ビリヤード型ストロークのイメージは、ビリヤードのキューをパターのバランスポイントに取り付けたようなものです（次ページのイラスト参照）。パターがキューに固定されているので、カップに対してキューでボールを撞くと、クラブ全体がキューと同じ方向に動きます。

しかし振り子型ストロークでは、キューも円を描いてしまうため、真っすぐボールを撞けません。これが、ボールを打ち出す方向とヘッドが動く方向が重なる仕組みで、キュー（クラブ）とボールの二つのベクトルが重なるからこそインパクトゾーンが長くなり、安定した推力と回転を得ることができます。

キューでボールを撞くようなパッティングストロークをするには、カラダを不動にして支点を作ってしまっては不可能。体重移動というと大袈裟ですが、カラダをターゲットラ

■「ビリヤード型ストローク」のイメージ

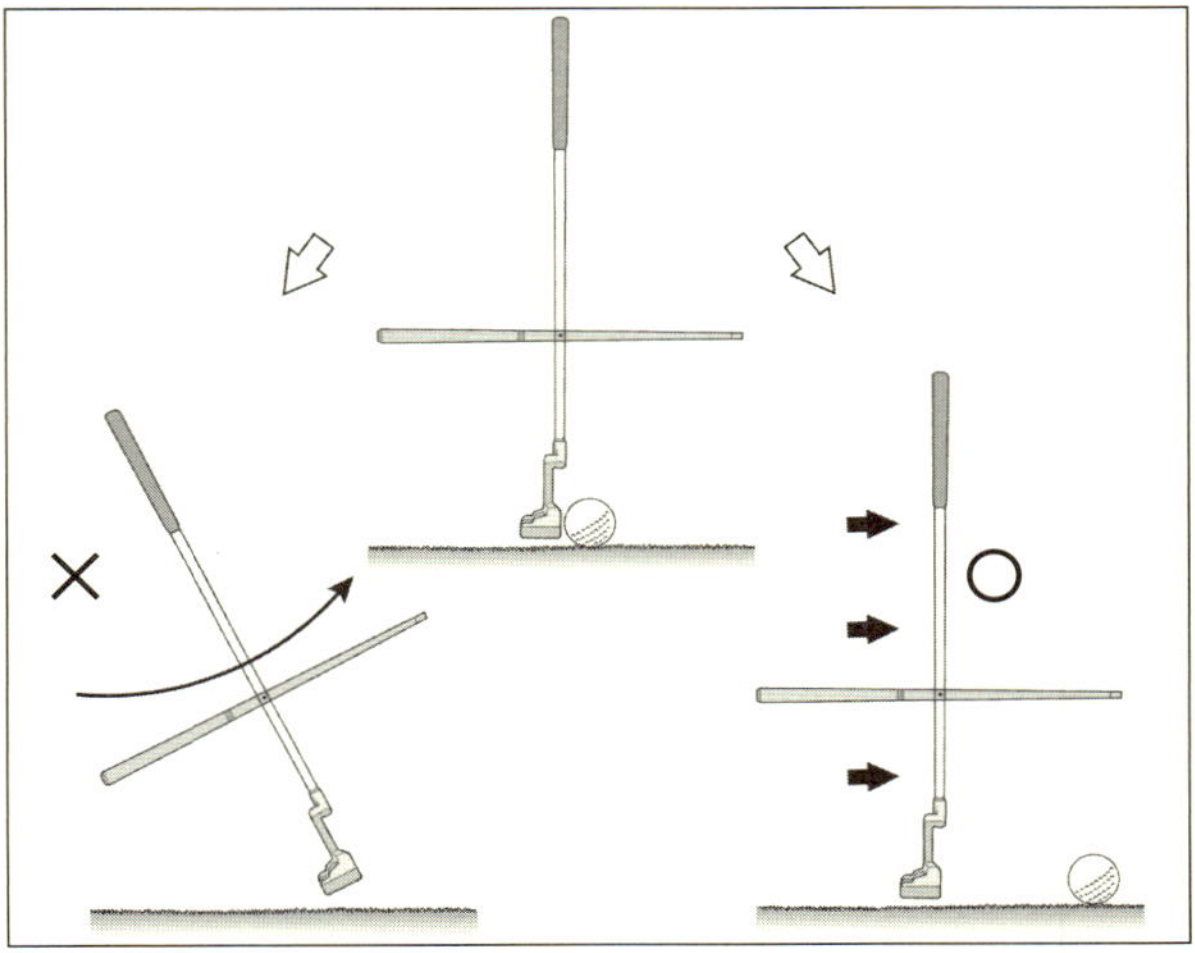

インと平行にスライドさせて重心の移動を使う必要があります。

もちろん、これは誰が見ても明らかに「動いている」というほどの大きなモーションではありません。時にプロは「カラダの中を動かす」と表現しますが、その感覚がパターでのボディモーションの存在を表しています。

例えるなら、ペットボトルの中の液体が凍ってしまうと、ガチガチの固まりになるわけですが、コチコチにカラダが固まっているのが正しいアドレスではありません。中の液体が流動することによって、柔らかなタッチやフィーリングが出るのです。

パッティングにおける「入れ替え」の感覚をつかむ

そのカラダの中での重心移動が「入れ替え」ですが、簡単にいうと腕は不動でカラダを動かして打つということです。まず、パターを持って脇を締め、腕とカラダをピッタリと密着させます。クラブを持つというよりは、万力で挟んでカラダに固定するイメージです。

左右の足に均等に体重を配分してアドレスしたら、腕や肩でストロークするのではなく、ヒザと骨盤を右にスライドさせてパターヘッドとカラダの動きをシンクロさせながら、テークバックします。その時、頭の位置も一緒に右へスライドすると完全にスウェイしてしまいますから、頭の位置は左側に傾けてバランスをとります。

イメージ的には、パターのヘッド（頭）と自分のヘッド（頭）が、左右で入れ替わる動きをします。自分の頭を支点にしたり、目線を動かしたりすることにとらわれてはいけません。自分の頭を、単なる重さの塊としてとらえてみてください。いわゆる、自分の頭の重さがパターのヘッドに対して逆振り子の動きをしているわけです。

切り返してインパクト、フォロースルーにかけては、全く逆の動作を行います。ヒザと骨盤を左にスライドさせ、パターヘッドと自分の重心（ヘソのあたり）がシンクロして動くのを感じましょう。このとき、自分の頭はパターのヘッドと左右方向で入れ替わり、右に帰ってきます。これがいわゆる頭を残す動作です。

プロツアーの中継で、解説者がタイガーのストロークを「頭が動きませんね」と評したり、ゴルフ雑誌では「アマチュアはヘッドアップする」というレッスン記事を掲載したりしていますが、これは「早く結果が見たい」というようなメンタル的な要因ではありません。パターのヘッドと自分の頭という二つの重さの塊を、左右に入れ替えて動かす、という力学的な仕組みが機能しているかどうかなのです。

よく誤解されるのは、いわゆる「ギッタン・バッコン」の動きです。これは正確には「リバース・ピボット」と呼ばれます。スイング中の重心の移動が、テークバックで左、ダウンスイングで右となると、逆ピボットとなります。

しかし、この入れ替え動作のストロークの場合、骨盤とヘソの動きはパターヘッドと同じ方向に動くので、重心の移動はテークバックで右、ダウンスイングで左となります。頭の逆モーションは、ストロークという動きの中での動的なバランス動作なのです。

これをふまえると、ゴムひもドリルでお話したように、フォローで頭が右に残ってピタッとパターのヘッドが止まります。ゴムひもドリルではパターを引っ張ってもらいたいのですが、多くのゴルファーは、ゴムひもにカラダが引っ張られてしまうので、「ヘッドアップ」や「右肩が前に出る」などのミスが起こってしまいます。

大きな動きで小さな動きを制御する

レギュラーツアーでも活躍し、また、ファッショナブルなルックスで人気が高いNプロは、入れごろ外しごろのパーパットが抜群に上手いと評判のプレーヤーです。その彼のパッティングスタイルの特徴は、ヒザのスライドを使ったストロークで、これは非常にビリヤード型に近い打ち方です。手や腕はまったくといっていいほど使わず、明らかに目に付くほどヒザ（カラダ）をスライドさせてストロークしていました。

ある時、あまりにもイヤな距離のパットを入れまくるのに嫉妬されたのか、同じ組で回った仲間のツアープロから「ヒザが動いているのに入っちゃうんだよな」とモノマネされたそうです。本人はその時、初めて独特のスライド型ストロークを自覚したそうで、それ以降ヒザの動きを抑えたところ、パットが不調に陥ってしまったとか。これは、プロゴルフ界ではよく知られた話です。

このように、一般的にはカラダが動くとヘッドの動きがブレると思われていますが、一概にそうとはいえないのです。

著名な武道家のＫ氏が、ピストル競技のオリンピック日本代表のコーチを依頼されたときのこと。通常、ピストルは伸ばした腕の肩口を支点にしてそこを動かさず、手にしたピストルを動かして狙いをつけます。肩を固定すると、その先には腕があり、なおかつ重量のあるピストルを握った手があります。Ｋ氏は、肩を支点にして固定すると、腕＋手の長さのせいで、小さな動きでも銃口のところでは大きなブレになってしまうと考えました。

そのため、ピストルを持った手の「手首」を支点にして、カラダを動かして狙いをつけたほうが銃口のブレをコントロールできると指導したのです。

これを図にすると、95ページのイラストのようになります。上のＡは、ペンの上側を支点として固定し、先端を動かした様子を表しています。こうすると、先端（力点）は少ししか動かないのに、ペン先（作用点）は大きく動きます。

下のBは、逆に下側を支点にした場合です。このケースでは、力点は大きく動いても、作用点の動く範囲はとても小さいものです。

武道家のK氏も、そして私がいう「体重の入れ替え」も、仕組みとしてはこのペンとまったく同じことを意味しています。大きな動きで小さな動きを制御する方が、狙ったところへ打ち出しやすいのです。

「そんなバカな」

という人もいると思いますが、これを証明するのがマスターズに3度も勝利したメジャー・チャンピオンのニック・ファルドです。彼は身長が190センチもありますが、使っていたパターは33インチというとても短いものでした。

つまり彼は、長身を生かしたカラダの大きなモーションで短めのパターを操り、ヘッドの小さな動きをコントロールしていたのです。

■支点が上にある場合

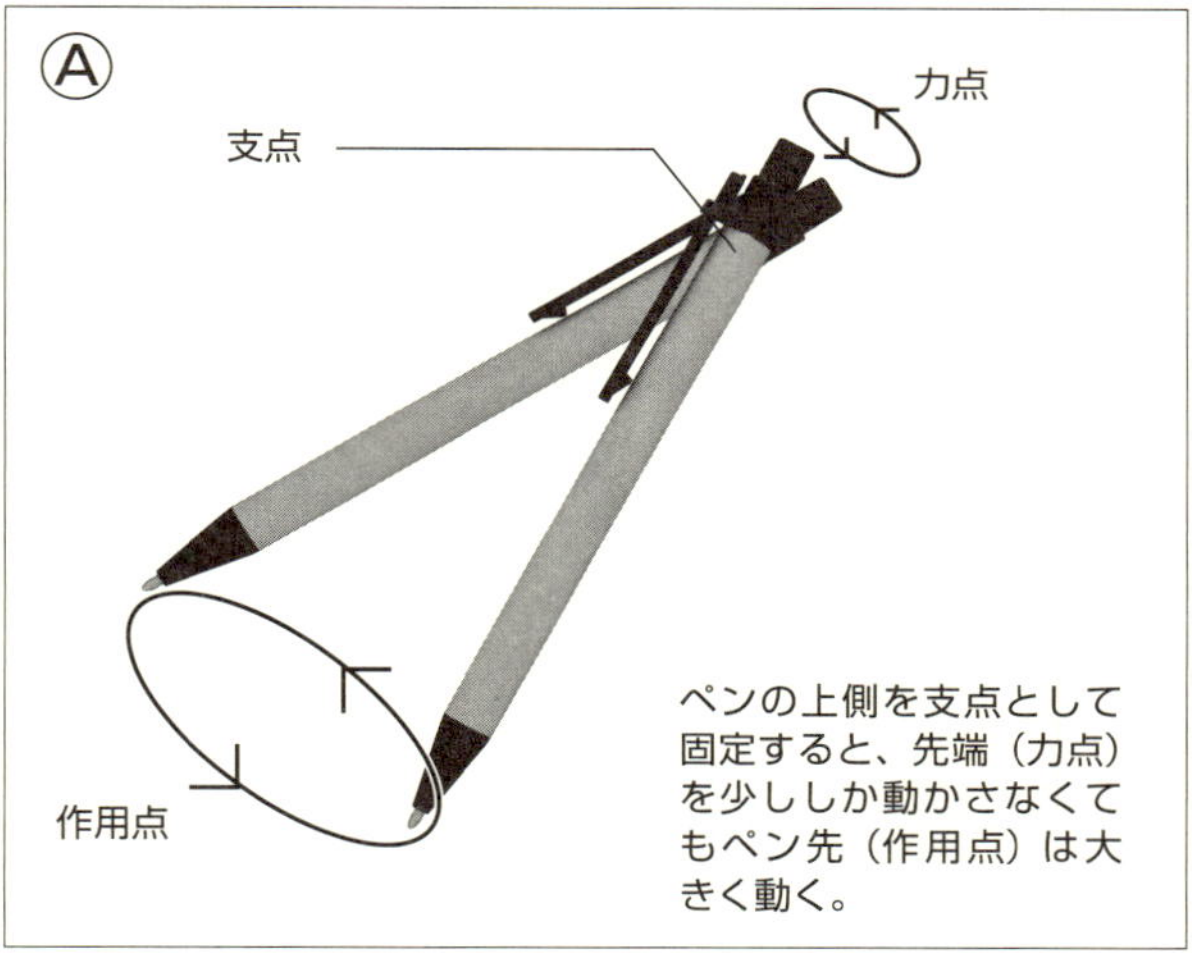

ペンの上側を支点として固定すると、先端（力点）を少ししか動かさなくてもペン先（作用点）は大きく動く。

■支点が下にある場合

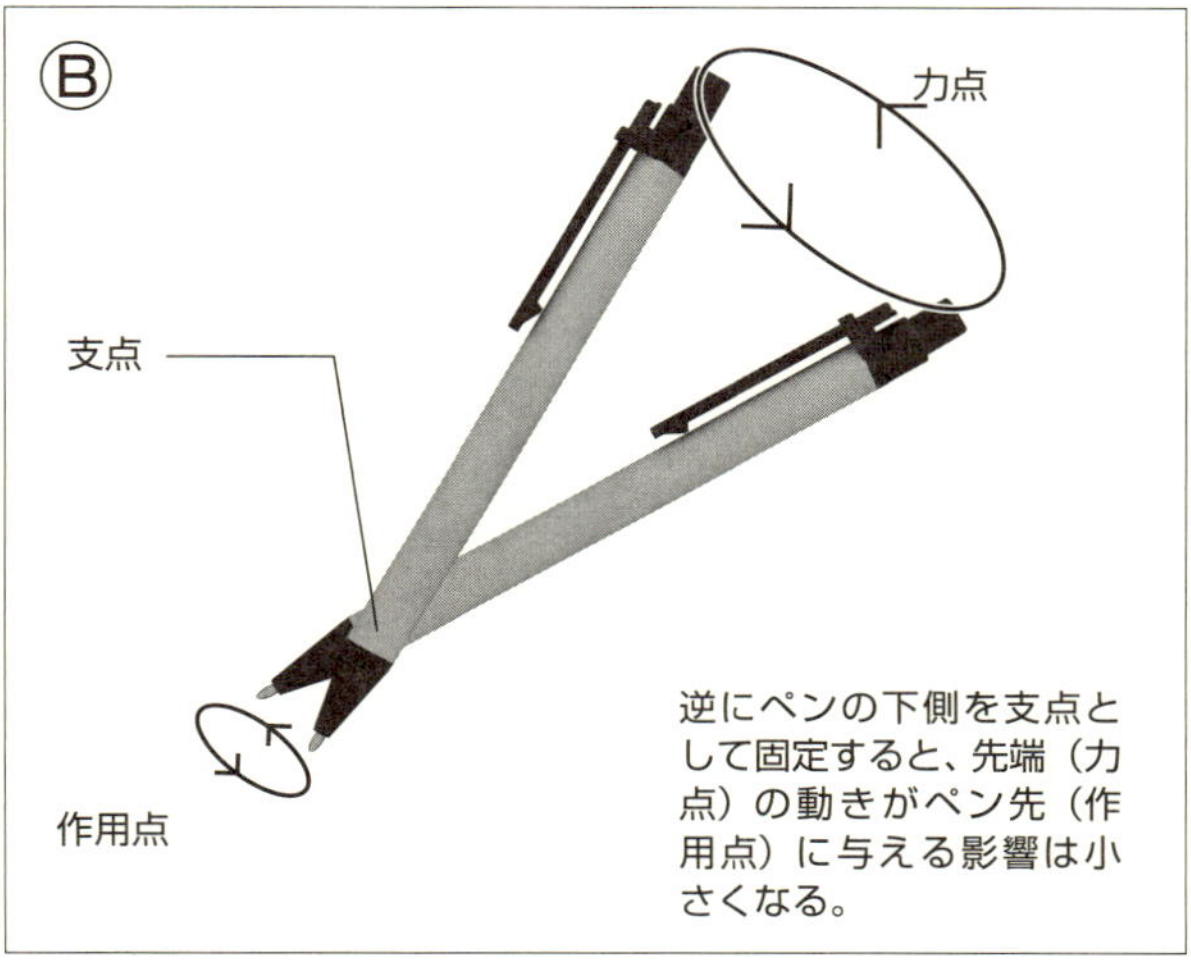

逆にペンの下側を支点として固定すると、先端（力点）の動きがペン先（作用点）に与える影響は小さくなる。

第3章

一生ブレない“本当のストローク”を身につける

パターにも「チーピン」がある!?

前章まで、最も効率のいいビリヤード型ストロークについて解説してきましたが、ここからは、思い通りの回転を得るために欠かせないロフトについて、さらに掘り下げてみたいと思います。

パターのロフトが立った状態でインパクトすると、打ち出しと同時にラインから外れ、そのうえオーバースピンが強いため思った以上に転がってしまうわけですが、実はティグラウンドの上でも、これと同じミスに悩まされている可能性があります。

打ち出しと同時に左方向へ飛び出し、スピンが得られずに失速し、左へ急カーブを描きながらOBゾーンへ消えていく…。俗にいうドライバーの「チーピン」です。

グリーン上で「オーバースピンが強くなる」インパクトの仕組みは、実はドライバーショットにおいては「スピンを減らす」という方向に働きます。

そのため、ショートパットのヒッカケは、まさにパターのチーピン球だといえるのです。

インパクトの感覚はゴルファーにとってのDNA的なものなので、ドライバーでチーピン

■理想的な転がり

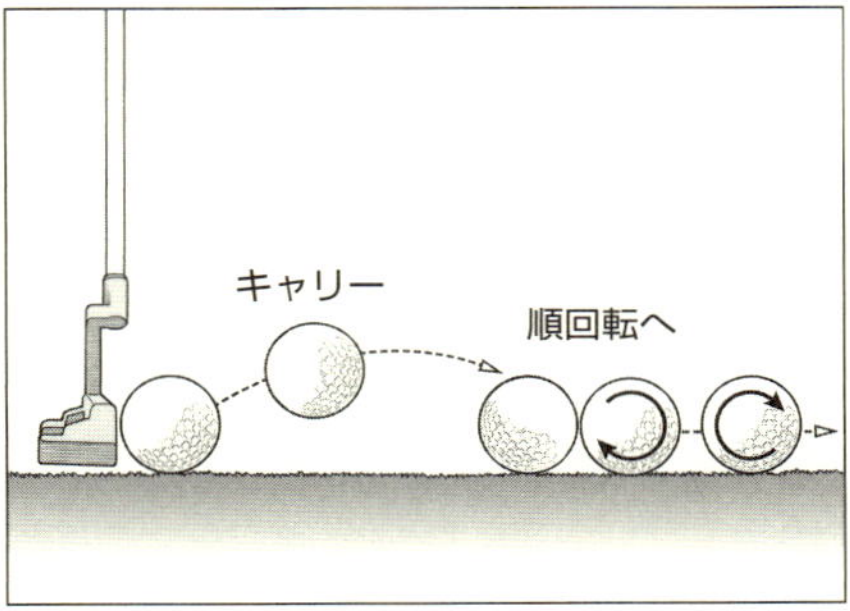

■ロフトが立った場合の転がり①

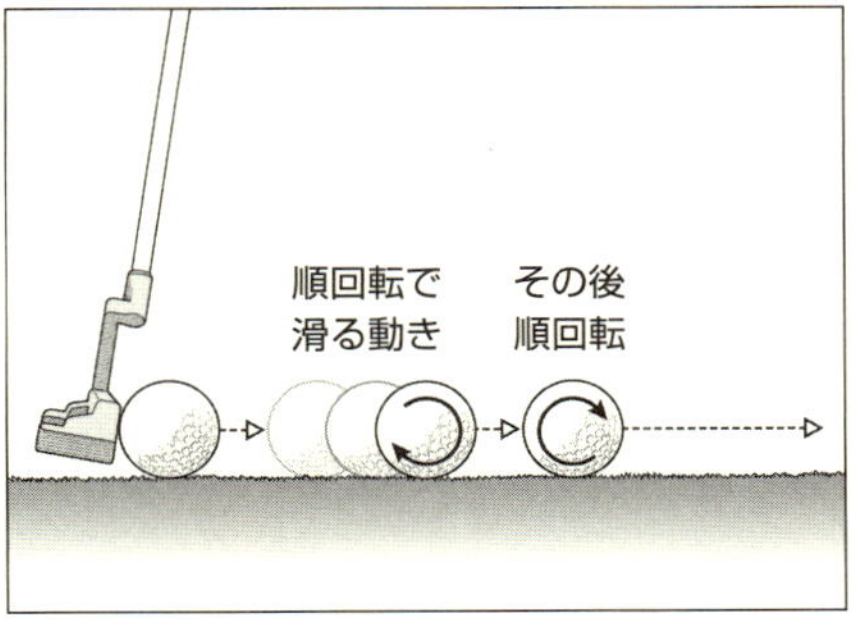

■ロフトが立った場合の転がり②

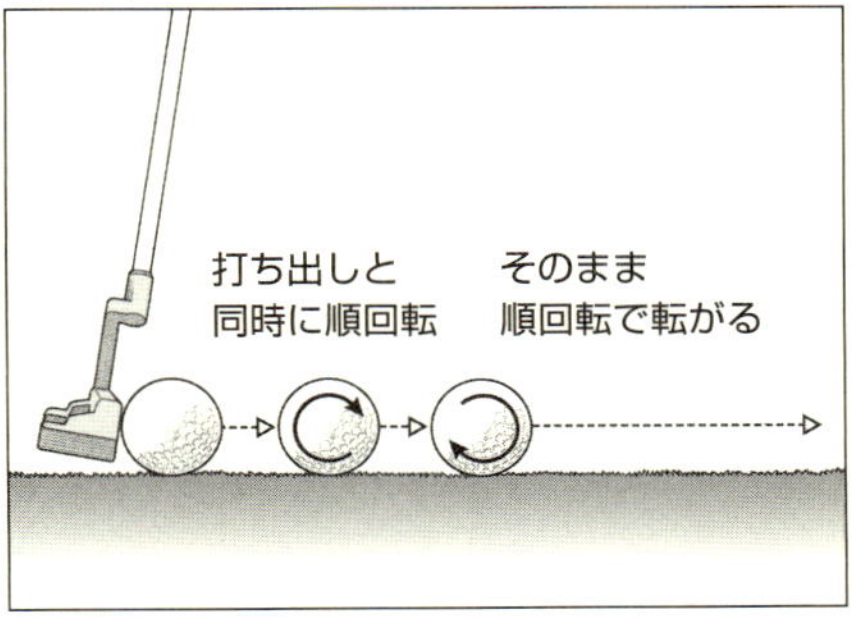

に悩んでいるゴルファーは、おそらくパターでもチーピン現象が起きているはずです。

これを矯正するには、ドライバーでもパターでもロフト角通りにインパクトすることが重要です。つまり、パター本来がもつロフト角（3～4度前後）でインパクトすれば、前述したミスを防ぐことができるのです。

パッティングにおける理想的なボールの転がりは、「ミニマムスキッド（最小の滑り）&マキシマムロール（最大の回転）」といわれます。確かに、この理論は打ち出しと同時にオーバースピンがかかるのがベストという理論より、はるかに良いパット、入るパットに属しています。しかし、パター本来のロフト角を生かすという観点からみると、スキッド&ロールより、これから説明するキャリー&ロールのほうが優れているのです。

なぜパッティングでキャリーが必要なのか

パターのロフト角は小さく、またパッティングストロークはヘッドスピードが非常に遅いため、ボールがキャリーしているところを肉眼で確認することはできません。しかし、超高速度カメラで撮影したパッティングの映像を見ると、キャリーの出ている様子がハッキリと確認できます。どんなに小さくても、ロフト角の存在するパターでボールを打つため、キャリーが出て当然なのです。

「なぜパッティングにもキャリーが必要なのか？」

という問いに対して、アメリカのショートゲーム研究家であるデイブ・ペルツは、

「グリーン上にあるボールは、ボール自身の重さにより、グリーンの短く刈り込まれた芝の中に埋もれている。したがって、ボールがロールする前に、まず芝に埋もれた状態から拾い出さなければならない。そうしないと、埋もれていることによる段差部分にぶつかって不規則な動き出しとなってしまう」

と解説しています。

埋もれていることによる段差部分というのは、ボールが転がり始めるとき、ボールの目の前に低いハードルが置かれているというような意味。正しい転がりを得て狙ったラインに進入させるには、このハードルを飛び越える必要があるわけです。

もちろん、ボールが自分でジャンプすることはできないので、ロフトが必要になってくるわけです。これが、パターにロフトがデザインされている一番の理由になります。ハードルにつまずいてしまうミスは、グリーン面の状態が悪くなればなるほど起こります。例えるなら、ハードルがあらぬほうを向いていくつも置かれているようなものでしょうか。

ショートゲームの名手はノー・スピンで着弾させる

ロフト角を生かしたパッティングをすれば、ボールの垂直軸がいきなり前に倒れてオーバースピンで転がり出すのではなく、ノースピンの状態でキャリーし、着弾したことで地面との摩擦が生じてボールのロール（回転）が始まります。

ここで思い出すのは、1934年と1938年の二度全米プロ選手権制覇を成し遂げた、ポール・ラニアンです。ラニアンは小柄で非力なショートヒッターでしたが、卓越したショートゲームの持ち主でした。特に、グリーン周りからのミドルアイアンを使ったチップが一番の得意技で、マッチプレーなどで対戦相手がピンそばに寄せていても、グリーンの外から先にチップインしてホールを奪う様は「小さな毒虫（Little Poison）」と呼ばれました。

ラニアンはゴルフ雑誌のインタビューで、ミドルアイアンを使ったグリーン周りのチップについて、

「生涯の平均が、1・6から1・7ストロークくらいだと思う」

と述べています。いわゆる寄せワンが2ストロークですから、チップインの確率が3割くらいあったことになります。

そのラニアンのレッスンビデオを見て印象に残ったのは、

「ノー・スピンボールを打て！」

というものでした。レッスンで使用していたのは6番アイアンから8番アイアンくらいで、両ヒジを深く曲げたいわゆる五角形のアドレスから、ボールだけを拾い打つパターのようなストロークをしていました。

打たれたボールはフワッとキャリーが出て、グリーン面に落ちてから、きれいにライン

を描いてカップの近くで止まります。青木功プロが得意な、ヘッドの重さを上からコツンと当てて、ツツッと強めの転がりでピンに向かうランニングアプローチとはまったく異なる技術でした。

ここで最も注目すべきは、やはりキャリーの働きをどう捉えているかです。ラニアンが、本当に自らが唱えたようなノー・スピンのキャリーが打てていたのかはわかりません。しかし、チップインを狙い、悪くてもＯＫに寄せるような転がりを手に入れるには、彼の中では「ノー・スピンでグリーン面に着弾させる」ということを最も重要視していたのでしょう。

パッティングにも必要なバックスピンの意識

ラニアンがなぜ、ノー・スピンを最も重要視していたのか。その理由をまずは推力と回転からお話ししましょう。

ロフトが働きキャリーが出ると、少なからずボールにはバックスピンがかかる方向に力が加わります。しかし、パターのインパクトでは衝突するエネルギーが小さく、しかもロフトが少ないため明らかな滞空時間もバックスピンも発生しません。そのため、ボールはインパクトで与えられた推力のみで打ち出されてグリーン面に着弾し、そこからグリーン面との摩擦が生じて回転力が加わるのです。

これに対して、インパクト時のロフトがなくなっていたり、ヘッドが上から入るミスが生じていたりすると、推力だけでなくいきなり回転力まで発生するケースがあります（打ち出しと同時にオーバースピンがよくかかるといった宣伝文句のパターで打たれたボールではありません)。

それは、グリーン周りでピッチングウェッジやアプローチウェッジを持ち、完全にトップしてしまったときです。よくトップすると「結果オーライ」などという声がかかりますが、グリーン面を駆け上がったボールはピンそばで失速することなく転がり続け、グリーン面から転げ落ちてしまうもの。

もちろんトップさえしなければ、キャリーが出てスピンがかかるため、ピンに寄るかどうかは別として、ボールはグリーン上で止まるでしょう。

このことから、パッティングでもロフト角通りにヒットし、推力のみでボールを打ち出すことが、結果的には不安定な要素を排除することにつながり、転がりをコントロールしたラインを描くことができるボール、つまり奥行感のあるボールを打つポイントなのです。

なぜキャリーがあると方向性が良くなるのか

では、なぜキャリーが出ると方向性が良くなるのでしょうか？

前述したように、ロフトが立ったインパクトをすると、たとえフェース面がターゲットに対してスクエアに向いていても、ボールには下向きのベクトルが加わります。

例えば、パッティングラインが平均台だとします（よく〝ゾーン〟に入ったゴルファーは、「ラインが浮き上がって見える」といいますが）。

平均台の上で演技を行う体操選手は、姿勢を維持することで自分のカラダの重心位置が下がらないようにしています。そのため、多少、左右にカラダがブレても落下することはありません。しかし、左右のブレと同時に重心位置が下がってしまうと、重力に負けて平均台から落下してしまいます。

ストレートライン以外の曲がるラインでは、必ずどちらかのサイドが低くなっているので、下向きのベクトルは低いほうへ落下する原因となり、ラインから外れる要素になります。

ご存知のように、キャリーはボールが宙を浮いている状態です。宙を浮いているとき、

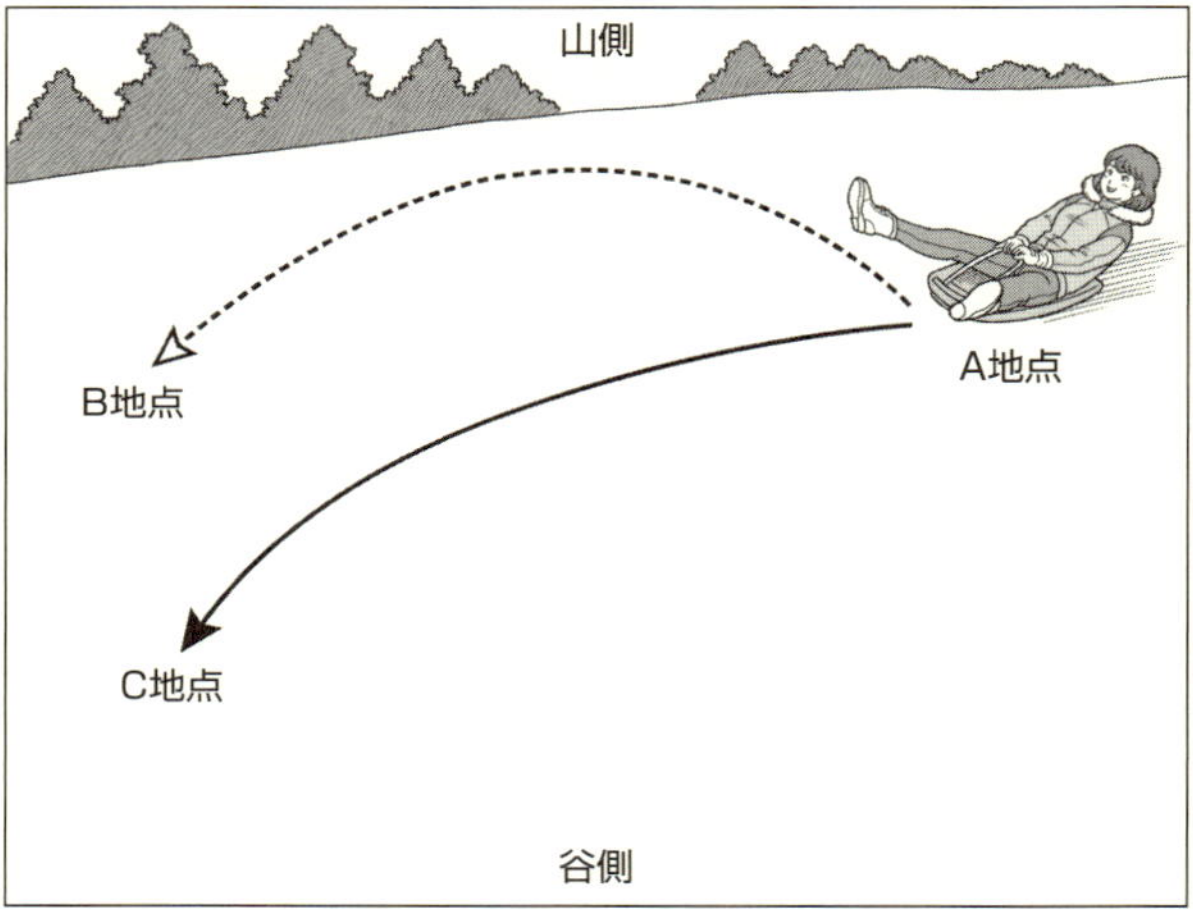

ボールは芝目の抵抗も傾斜の影響もまったく受けません。

上のイラストは、A地点にいるソリに乗った人物が、B地点まで真っすぐ滑ろうとしている様子を表しています。しかし、イラストの下部が谷側なので、A地点からB地点まで真っすぐ横切って滑ろうとしても、ソリと雪面が接触しているため、どうしても谷側に落ちてC地点に到達することになります。

この人物が谷側に落ちず、真っすぐB地点に到達するには、ジャンプすることが最も確実な手段。これなら、雪面の影響を受けないため真っすぐB地点に到達できます。

これと同じことがパッティングにもあては

まり、キャリーが出ればそれだけ曲がりにくいといえ、方向性も良くなるのです。

【「カップ越えドリル」バージョン1――ロフトを使ってキャリーを出す】

では、ここからロフトを正しく使ってキャリーをきちんと出すためのドリルを紹介していきましょう。

このドリルを行うと、ロフトが正しく使えているかチェックすることができます。次ページからの図を見てください。ロフトが正しく使えていれば、ボールはカップを飛び越えて、目標物方向へと転がっていきます。

ロフトが正しく使えていない、ハンドファーストのインパクトをする人は、ボールがカップの縁に当たって弾かれ、なかなか目標物方向に転がらなかったり、カップの中へ落ちたりしてしまいます。

注意することは、むやみにボールを強くヒットしないこと。強くヒットすると、キャリーが出ていなくてもボールはカップの上を越えていきますが、これは単にボールがカップ上を通り過ぎているだけ。

そうならないよう、キャリーしたボールの着弾点をカップのすぐ先に設定することが大切です。着弾点をイメージすることで、正しくロフトを使ってキャリーを出す感覚が身につきます。

■カップ越えドリル・バージョン1
――ロフトを正しく使い、キャリーの感覚をつかむ

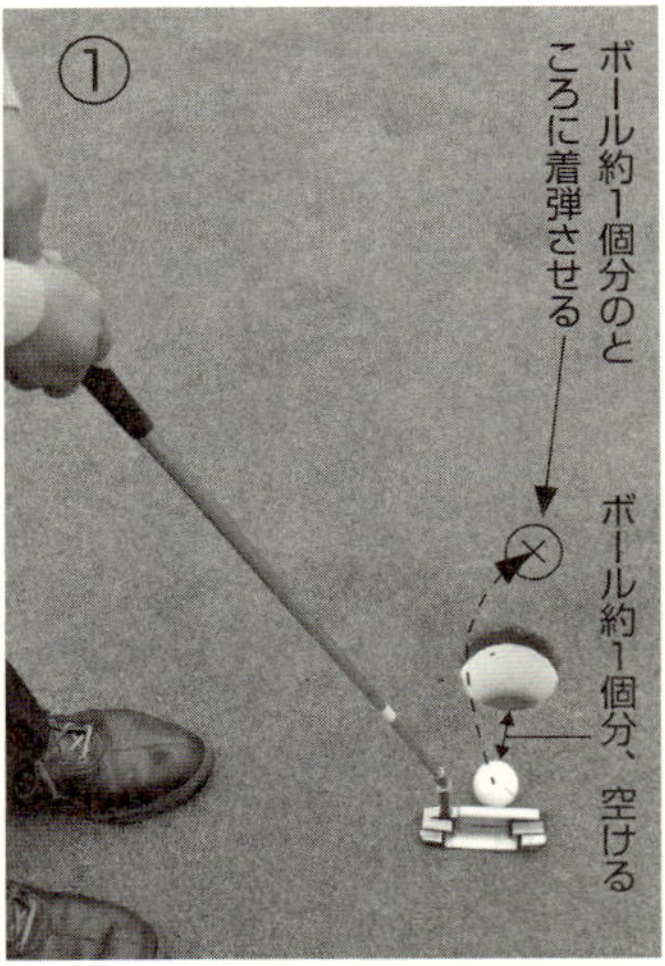
①
ボール約1個分のところに着弾させる
ボール約1個分、空ける
カップ後方にボール約一個分の間隔を空けてボールを置き、アドレス。

ボールをセットし、カップのセンターとボールを結ぶ延長線上3～4メートルあたりに目標物を置く。

キャリーでカップを越えていくようパッティングする。ボールの着弾点はカップのすぐ先。キャリーが出ないと、ボールはカップに当たってしまう。練習開始当初は目標物への距離感が合わなくてもOKだが、目標物方向に転がるよう注意する。

ボールがカップを飛び越えるイメージを持つ。また、ボールの着弾点はカップのすぐ先に設定すること。

【「カップ越えドリル」バージョン2――距離感をつかむ】

次に紹介するドリルもカップ越えドリルですが、こちらはバージョン2にあたり、距離感をつかむことが目的になります。

ここでも、キャリーを出してカップを越す必要がありますが、その要領は先のバージョン1と同じ。違いは、ボールを3個用意して、カップのすぐ後ろに1個、約20センチ後ろに1個、さらに20センチ後ろに1個置いて行うという点です（必ずこの位置にしなければならないわけではありません）。ボールの置き場所はそれぞれ違っても、着弾点はすべて同じにします。

このドリルで何がわかるかというと、ボールを打つ位置が違うと、着弾点が同じでも、ボールの転がる距離が変わってくるということです。

つまり、打つ位置がカップから離れるほど、キャリーでカップを越すには強くヒットする必要があるため、ボールの到達点（止まる位置）が違ってくるわけです。

■カップ越えドリル・バージョン2
——距離感をつかむ

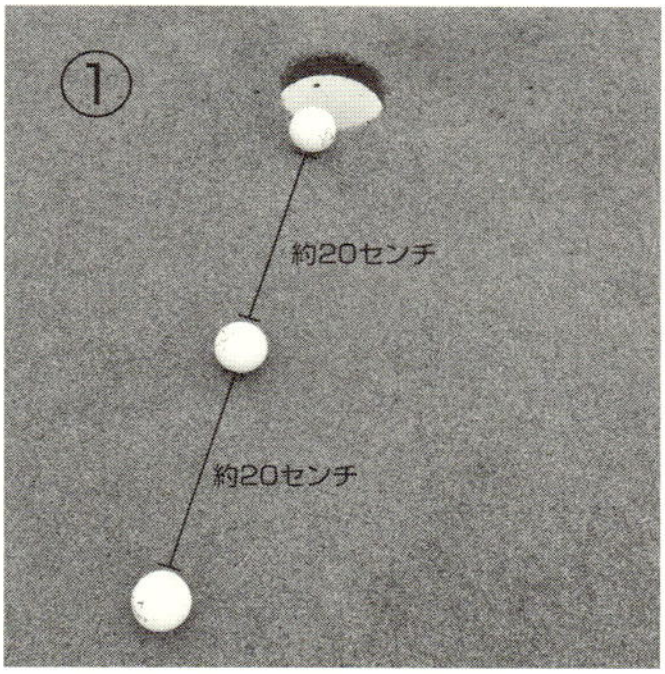

約20センチ間隔でボールを3つ置く。

着弾点をカップの先に置き、キャリーでカップを越えるように打つ。

キャリーさせる距離に対して、どれくらい転がるかを目安にして、自分の距離感をつくる。

一般的には、「ボールからカップまでの距離」に対して、どれくらいの振り幅が良いかとか、どれくらいの強さでヒットすれば良いかを考えて距離感をつかむと思います。

例えば、「7時から5時までの振り幅なら5メートル転がる」など、自分の心地いいリズムのストロークで転がし、それが何メートル転がったかを計ることで逆説的に基準とする方法もあります。

私が提唱する距離感のつかみ方は、これら一般的なものとは違い「ボールをキャリーさせる位置（着弾点）をコントロールして、転がる距離を調整する」というものです（次ページのイラスト参照）。当たり前のことですが、ボールの着弾点が変われば、転がる距離も自然と変わります。例えば着弾点を60センチ先にするなら、強めにヒットする必要があります。逆に着弾点を5センチ先にするなら、弱めにヒットすればいいわけです。

こういうと、

「なんだ、単に強く打つか、弱く打つかの違いじゃないか」

と思う人がいるかもしれません。しかし、このドリルのミソは〝カップを越さなければいけない〟ということです。

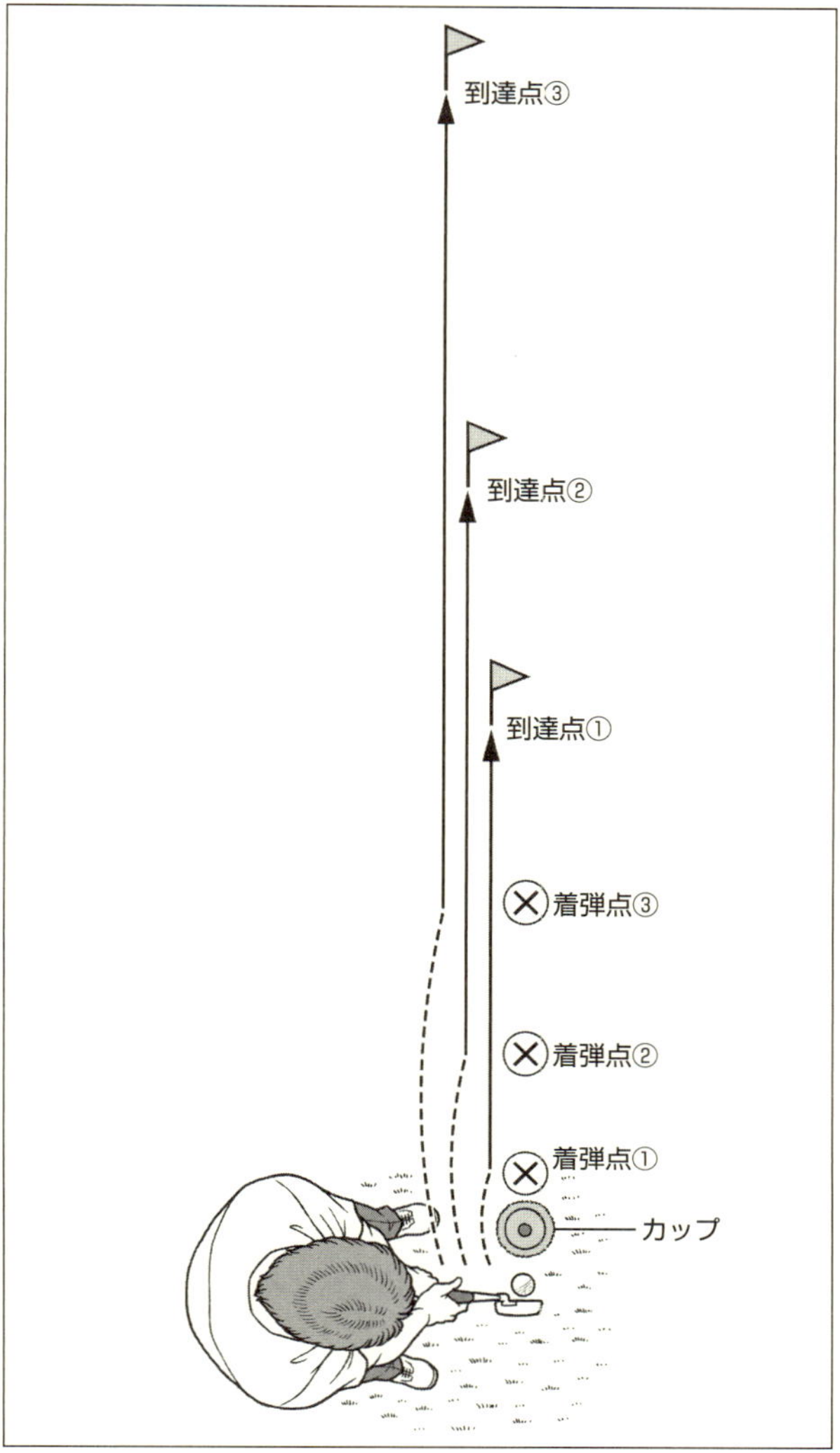
到達点③
到達点②
到達点①
着弾点③
着弾点②
着弾点①
カップ

バージョン1でも説明しましたが、単に強く打つだけでもボールはカップの上をかすめて転がっていきます。これでは推力と回転がマッチしないため、奥行感のある転がりを得られず、タッチも合いません。そして、単に弱く打つとボールはカップの中へ落ちてしまいます。

この二つのドリルでは、カップを越えるキャリーを出さなければいけないため、ロフトを正しく使ってボールをキャリーで着弾点まで運ぶことが必要になります。ここに単に強く打つ、弱く打つとの決定的な違いがあり、それによって〝緩まないインパクト〟が身につくのです。

キャリーの大きさを強さの基準にする

例えば、あなたは今、スティンプメーターで11フィートを超える高速グリーンの18番ホールにいます。これから、これを沈めればベストスコア更新という、下りで1・5メートルのパーパットに臨みます。カップ2個分程度は切れそうなフックラインです。

万が一強く打ってしまうと、どのくらいオーバーするのか見当もつかないほど速いグリーンですから、当然弱く打たなければなりません。

かといって、弱すぎるとカップの手前から左へと落ちて行き、少なくとも同じくらいの距離の返しが残ってしまいそうです。

こうしたケースで必要なのが前述した〝緩まないインパクト〟であり、カップ越えドリルはそれをマスターするのにうってつけなのです。

なぜなら、ボール1個分キャリーさせるミニマムな着弾点をイメージすれば、「キャリーさせる（ボールを宙に浮かせる）には、しっかりとしたインパクトが必要だ」と考えるので、自然と緩まないインパクトになるからです。

ボール1個分のキャリーを出すのに必要な〝緩まないインパクト〟と、ただ単に「強く打つ」「しっかり打つ」「触るだけ」「ひと転がり」という表現の違いをきちんと理解してください。これは、非常に重要なポイントです。

着弾点がボールの先10センチならどれくらい転がるのかを基準にして、20センチならどれだけ転がり、30センチならどれだけ転がるのかを認識していきます。

あなたがこのドリルを行い、10センチ先に着弾させると5メートル転がることがわかったとしたら、それをあなたの距離感の基準にします。次に5メートルのパッティングをするときは、10センチ先にボールをキャリーで着弾させるように打てばいいわけです。

【正確なキャリーを出すためのドリル】

次に、方向性を良くするカギとなる、正確なキャリーを出すためのドリルを紹介しましょう。

写真では、「ザ・レール」というパッティングの上達を促すアイテムを使用していますが、パターマットの上に50センチ程度の定規を置くという形でもOKです。いずれの場合も、ボールを転がす面に溝などは入っていないので、正しく打てないとすぐにボールはレールから落ちてしまいます。

【正確なキャリーを出すためのドリル】

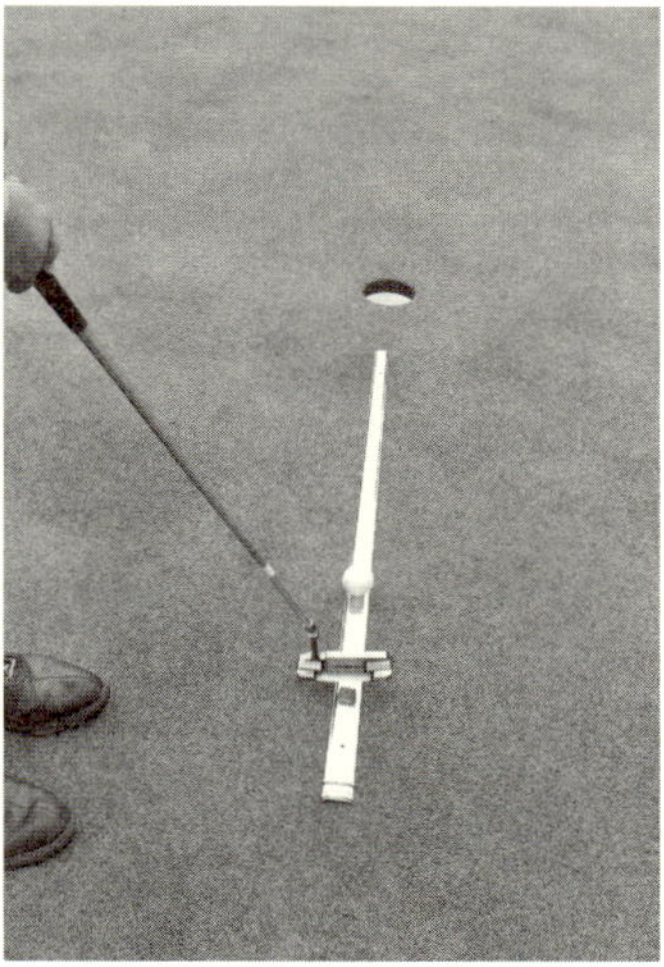

バランスポイントと着弾点を意識し、レール上にキャリーさせる。

フェース面の向きにとらわれてロフトが使えないと、キャリーが出ない。すると、打ち出したとたん、ボールはレールから落ちる。

108ページでは、ソリを例に「ジャンプすれば雪面の影響を受けないので真っすぐ進むことができる」と説明しました。ソリのジャンプはゴルフでいうところのキャリーで、キャリーが出れば芝目などの影響を受けないので、そのぶん方向性が良くなるのです。

一般的に、方向性を良くするカギはフェースの向きだと思われています。フェース面がターゲットに対して正しいほうを向いていれば、ボールはまっすぐ進むというわけです。しかし、フェース面の向きをいくらスクエアにしても、ロフトを正しく使い、キャリーを出さないとボールは打ち出しとともにラインから外れてしまいます。

下手投げでボールを投げてピンに寄せ、グリーン周りからのアプローチショットのイメージを養うというドリルがよく雑誌などで紹介されています。

このドリルはおもに距離感を養うためのもので、アプローチショットをするときの落とし所へのタッチとそこからのボールの転がりをイメージして、フィーリングを学ぶのが目的です。

ここで大切なのはやはり〝キャリー〟で、下手投げドリルもワンバウンドさせる（キャリーがある）からピンに寄せやすいのです。

ボールを地面に置いた状態からいきなり転がしてピンに寄せようとしても、距離感はつかみにくく、また自分で操作できるのは出だしのごくわずかなので、なかなか上手くいきません。

投げることで、距離感はもちろん方向性もコントロールしやすくなります。したがって、キャリーというのは、タッチや方向性を出すには必要不可欠だといえるでしょう。

【「5番アイアンドリル」バージョン1 ――最終形ストロークをマスターする】

ここで、良いパット、入るパットの原則をもう一度まとめます。推力と回転をマッチさせ、奥行感のあるボールを打つことが原則だと説明しました。これを実現するには、以下の二つを実行することが最低条件です。

①ロフトを正しく使ってキャリーを出す

②クラブ全体の重さでストロークする

一般的にパッティングの基本とされる「振り子型ストローク」でも、右記に示した二つの最低条件をクリアすることはできますが、ボールが打ち出される方向と、クラブ全体の重さのベクトルがシンクロしないというデメリットは克服できません。そのため、パッティングストロークの最終形にはなりえないのです。

二つの最低条件をクリアし、なおかつ長いインパクトゾーンを可能にするのは「ビリヤード型ストローク」しかなく、したがって、このストロークがパッティングの最終形だといえるのです。

ここからは、これまで紹介した数々のドリルの総まとめであり、また、ビリヤード型ストローク修得の卒業検定ともいえる「5番アイアンドリル」を紹介します。

5番アイアンドリルとは、その名の通り5番アイアンを使って行います。ロフトを正しく使い、なおかつバランスポイントを振って、ビリヤード型ストロークをマスターするためのものです。

先にお話した、ポール・ラニアンのノースピン・チップをパッティングストロークに置き換えたドリルといってもいいでしょう。

パターよりロフトのある5番アイアンで行うため、ロフトでボールを拾い、キャリーを出す感覚がよりいっそう理解できます。また、正しく打てればパターと同じ転がりになるため、ひと目で自分のストロークの良しあしがチェックできます。

例えば、ハンドファーストになってロフトが立ってしまうと、キャリーが出ないので突っつついたようなボールが出ます。推力と回転の両方がバランスよく、正しくストロークしたときより、明らかに強くなるのです。

また、5番アイアンはハッキリとロフトがついているため、ヘッドを真っすぐ出すフォローをすると、フェースが開いてボールが滑ります。するとキャリーだけが出て、転がりの悪いボールになります。つまり、推力も回転も弱すぎるボールです。

このようなボールが出ないようにするには、ロフトでボールを拾い、なおかつクラブ全体の重さをボールに対してリリースする必要があります。そして、そのカギとなるのがフェースの開閉です。

【「5番アイアンドリル」バージョン1
最終形ストロークをマスターする】

5番アイアンを持ち、パターと同様にアドレスする。このとき、シャフトが垂直になるように構えること。

テークバック。フェースが開いているように見えるが、ロフトをキープしているのがポイント。

シャフトが垂直になる位置でインパクト。ロフトは変えない。

ハンドファーストになると、ロフトが立ってオーバースピンがかかりすぎ、突っ込んだボールになる（左下）。逆に、ハンドレイトのインパクトになると、ロフトが寝てボールがフェース面上を滑り、バックスピンのかかりすぎたボールになる（右下）。

ロフトを正しく使う、バランスポイントを振るという二つの最低条件に、〝フェースの開閉でボールをつかまえる〟という第三の条件が加わるわけです。

基本的に、重心距離のあるゴルフクラブは、ヘッドとボールが衝突したときヘッドの当たり負けが生じることがあります。ヘッドが当たり負けると理想の弾道にならないため、インパクト時には必ず〝押し込む〟必要があります。これは、ヘッドスピードの遅いパターにも当てはまり、押し込むことでボールがつかまるのです。

押し込む動きは、言い換えるとフェースでボールを包み込んで運ぶ動きともいえ、これができるとキャリーが出て、推力と回転がマッチした転がりを得ることができます。このドリルを行ううえでの注意点は以下の通りです。

・必ずシャフトは垂直にして構える
・シャフトを垂直にしてインパクトする↓シャフトを構えたときのポジションに戻してインパクトする
・フォローは、ノーテックバックからロフトでボールを拾うようなイメージで↓ヘッドの

位置がやや高めになるところでピタッと止める

【「5番アイアンドリル」バージョン2――距離を打ち分ける】

次に、5番アイアンドリル・バージョン2「距離の打ち分け」を紹介します。
このドリルは、ストレートラインで行います。距離は1・5メートル前後で十分です。
このドリルでは、以下3つのケースを想定します。

①カップの手前から最後のひと転がりでコロンと入るケース
②理想的といわれる約30センチオーバーのタッチで入るケース
③カップ奥の土手にボールがぶつかって入るケース

下りや速いラインなどジャストタッチで入れる場合が①。プレッシャーのないラインで真ん中から入れるケースが②。勝負どころや、微妙な曲がりを消すため強いタッチで入れるケースが③になります。

どのケースでも、弱く打ったり強く打ったりするのではなく、キャリーの着弾点で距離の打ち分けをします。アプローチでいうところの、落とし所を変えるわけです。

まず、カップの手前にティを3本立てます。ボールから距離が近いティは、①の縁からコロンと入れるケース。真ん中のティは、②の理想的なタッチで入れるケース。ボールからティまでの距離が遠いのは③の奥の土手にぶつけて入れるケースを想定したものです。

①のケースで弱く打つとなると、たいていのアマチュアゴルファーはインパクトが緩み、ショートしてしまいます。そして、曲がるラインでインパクトが緩むとラインに乗らず、カップの手前から下に落ちることが多々起こります。そうならないためには、ミニマムなキャリーの着弾点をしっかりと決めることが大切です。

タイガー・ウッズは、超高速グリーンで有名なオーガスタの下りの1メートルのパットでも、「カチッ」というインパクト音をさせるといわれています。タイガーは、外せばどれだけオーバーするかわからないような速いグリーンでも、「触るだけ」というような、

【「５番アイアンドリル」バージョン２　距離を打ち分ける】

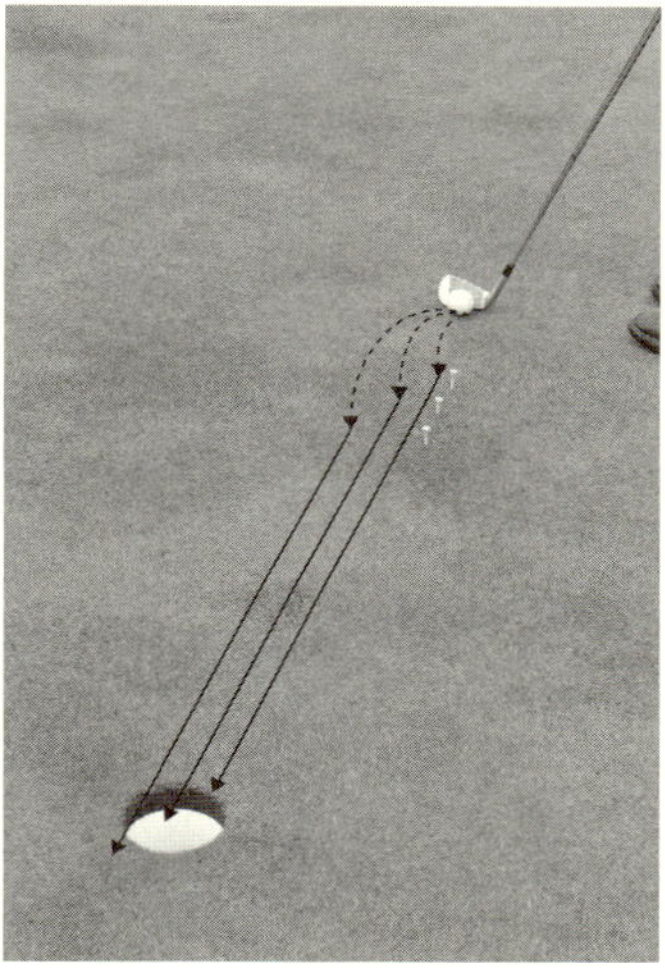

写真のようにティを3本立て、5番アイアンで手前、真ん中、奥のティに着弾するように打つ。着弾点を変えることで、距離の打ち分けをマスターする。

強くヒットするのではなく、キャリーさせることをイメージし、ロフトでボールを拾うように打つことがポイント。

単に弱く打つようなことはしていないのです。インパクトを緩めず、しっかりとヒットしているからこそ「カチッ」という音がします。そして、着弾点をどこにするか考えているからこそ、このようなパッティングができるのです。

このドリルの注意点としては、どのティに着弾させるにしても、強くパンチを入れてヒットしないようにするということ。あくまでもキャリーをイメージし、ロフトが働くようにインパクトしましょう。

【「5番アイアンドリル」バージョン3――キャリーとライン取りをマスターする】

5番アイアンドリルの最後は、「キャリーとライン取り」をマスターするドリルです。強い傾斜が入ったフックラインのショートパットを想定します。傾斜が強いため、かなりカップの右に向かって打たなければなりません。

ラインを読んでどの程度右に打つかを見極めたら、次に着弾点を見極めてその手前にコインを置いてください。曲がり幅と、それに対する着弾点を同時に読むわけです。置いたコインの先にボールが着弾するように打てば、自分の読んだキャリーとライン取りが正しかったかどうかがわかります。

まずは、カップインするかしないかは気にせず、ロフトを正しく使ってキャリーを出し、コインの向こう側に着弾させることに集中します。そして、コインを置く場所を何度か修正しながらカップインする場所を探し出すことで、ラインと着弾点の関係が徐々につかめるようになります。

注意する点は、必ず置いたコインをキャリーで越えるように打つということです。

５番アイアンで感覚がつかめたら、パターに持ち替えて同じように練習しましょう。パターで練習するときは、コインではなくグリーン面に刺すマーカーがおすすめです。マーカーはコインほど厚みがないため、ボールとぶつかる心配がありません。

マーカーを越える前にボールが左へ落ちて行くのはロフトが使えていない証拠で、アマチュアゴルファーに最も多いショートパットのミスといえます。

このドリルの目的は、ライン取りももちろんですが、ロフトを正しく使ってキャリーを

【「5番アイアンドリル」バージョン3
キャリーとライン取りをマスターする】

曲がり幅と着弾点を読み、そこにコインを置く。

5番アイアンを持ち、置いたコインをキャリーで越えるように打つ。

必ずキャリーを出すことが、このドリルのポイント。

5番アイアンで感覚をつかんだら、パターに持ち替えて行う。

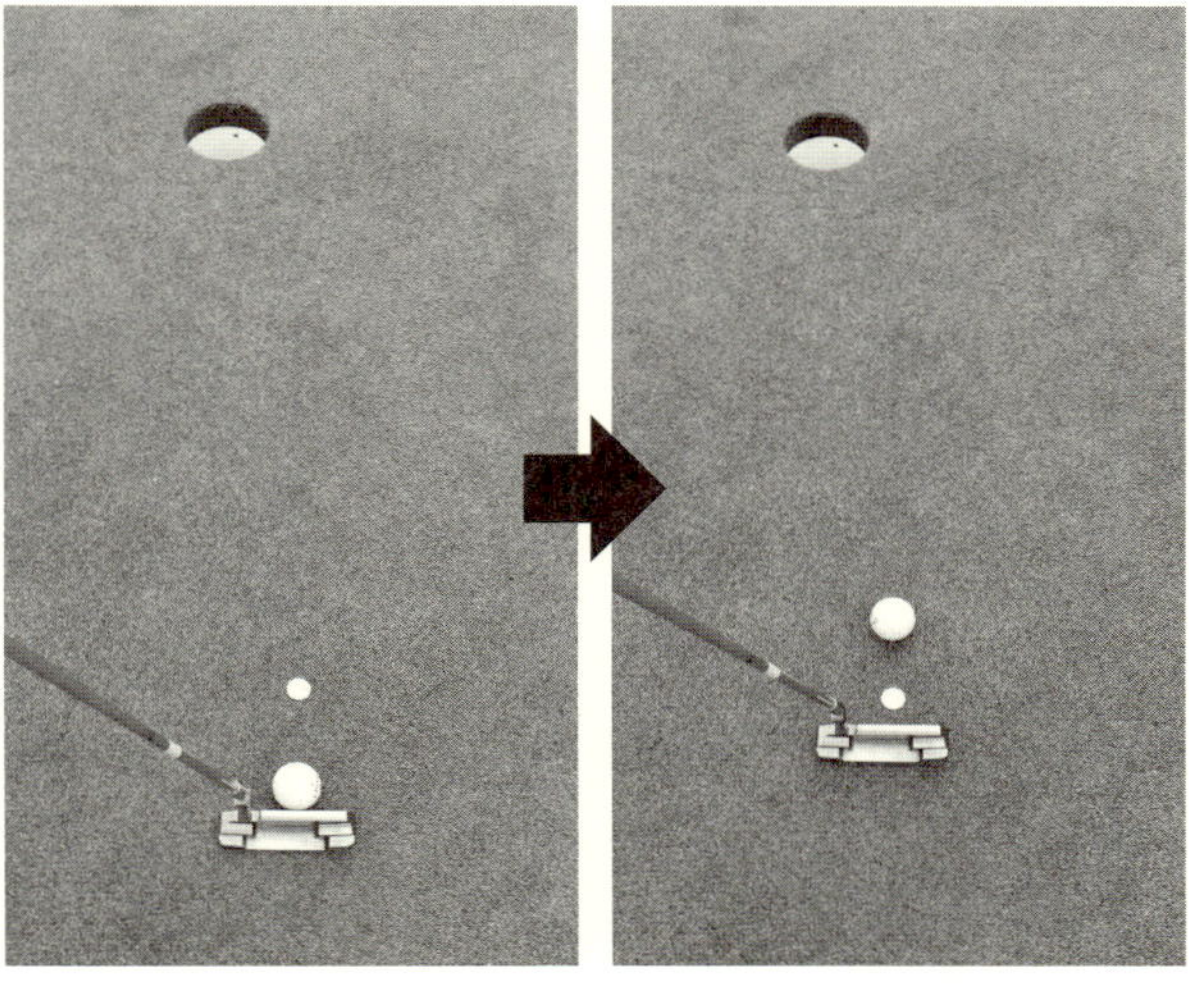

出すこと。まれに、コインをいわゆるスパットだと考え、そこに向かって打てばいいんだと勘違いする人がいますが、あくまで置いたコインは〝障害物〟であり、ライン上に置かれた障害物を越えるためのロフト使いをマスターすることが目的なのです。

コインを越えるということは、着弾するまでボールは宙を浮いているため、必ず真っすぐ進みます。打ち出した途端にラインから外れるようなことがありません。とはいえ、着弾後イメージしたラインに乗るかどうかはまた別問題。なぜなら、ほとんどのアマチュアゴルファーはロフトが使えないため、ボールがコインにたどり着く前に曲がってしまうからです。これでは、平均台を渡ろうとしたけど、第一歩目から踏み外して転落しているようなものです。

【ストロークの型をマスターする①――「コップドリル」】

では最後に、ストロークの基本中の基本をマスターするドリルを紹介します。

【コップドリル】

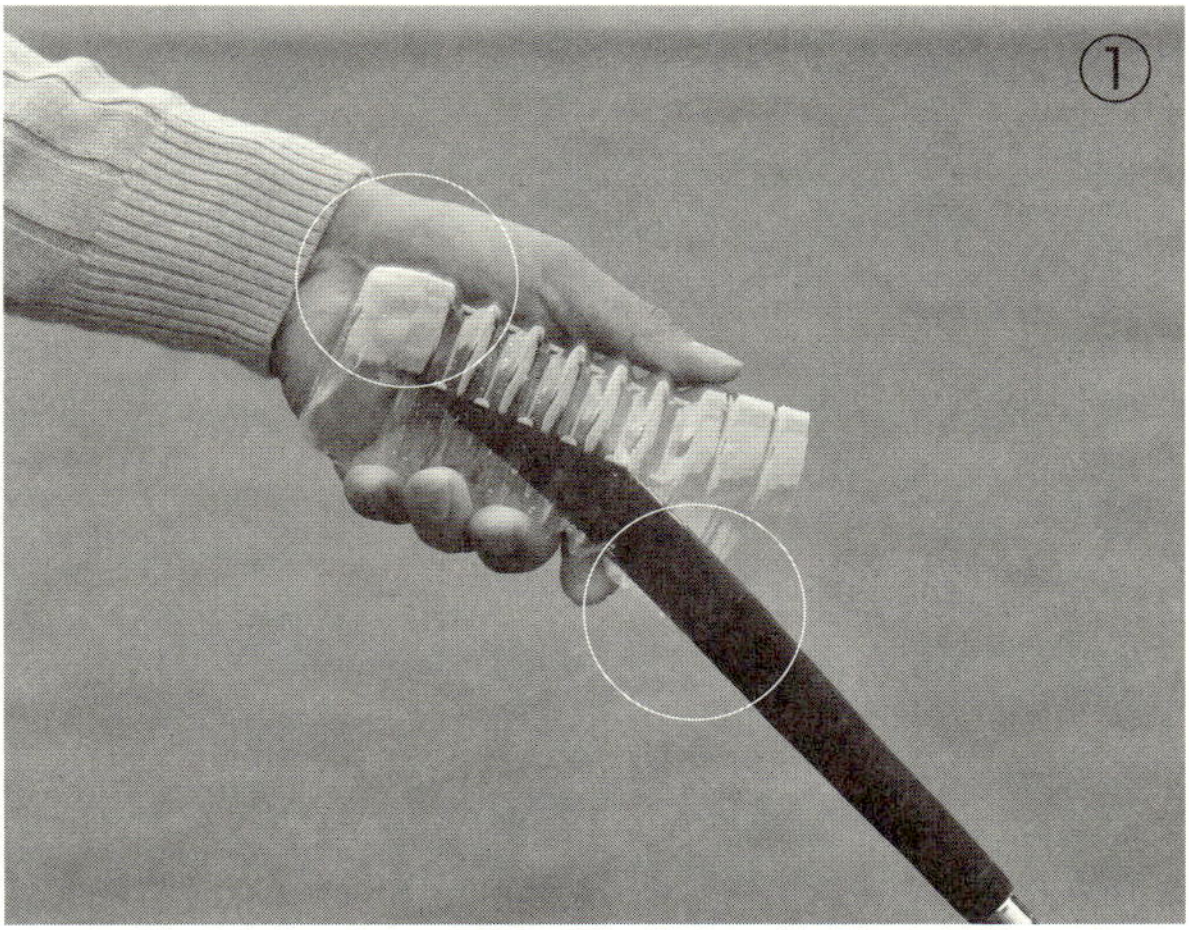

ペットボトルをカットし、下側の縁にグリップを引っかける。これで、ハンドアップに構える準備が整う。

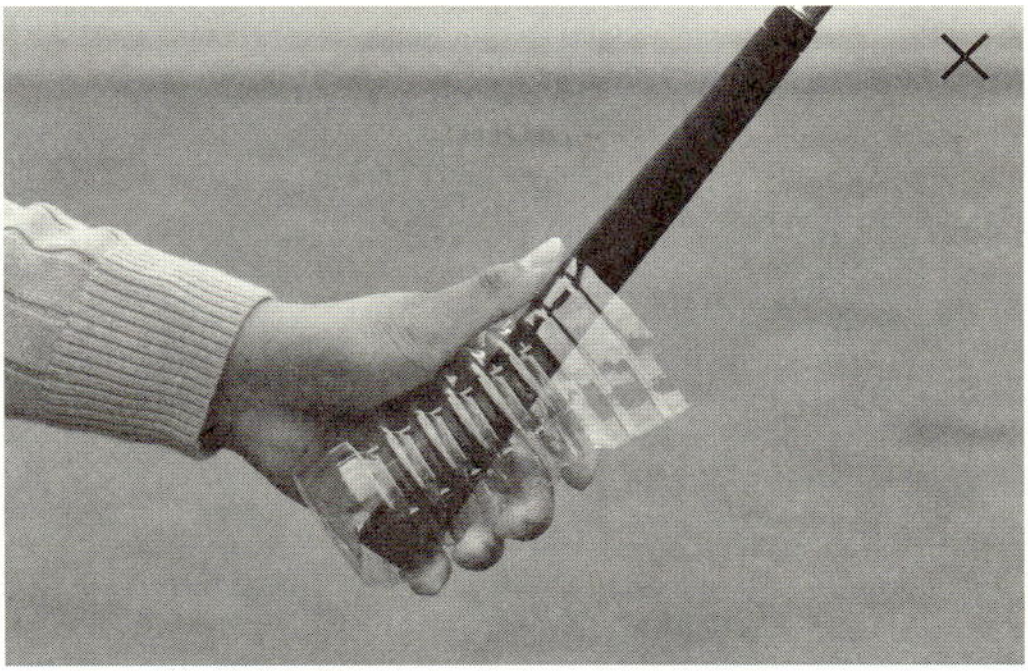

ペットボトルの上側の縁にグリップを引っかけると、ハンドダウンになってしまう。

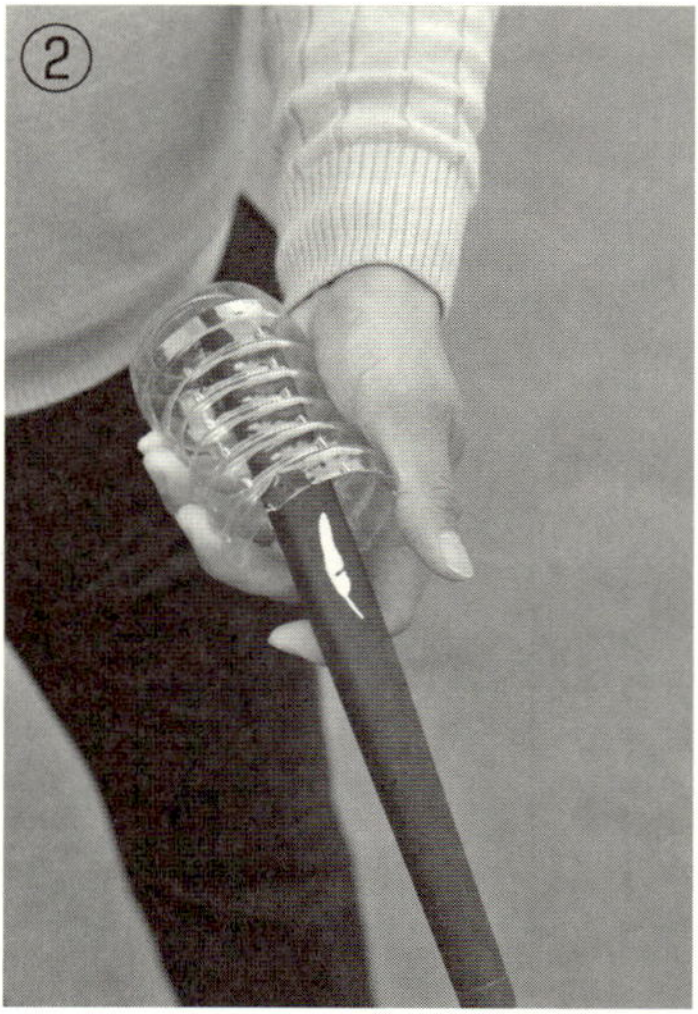

ペットボトルの下側の縁にグリップを引っかけた状態で、左手を握る。

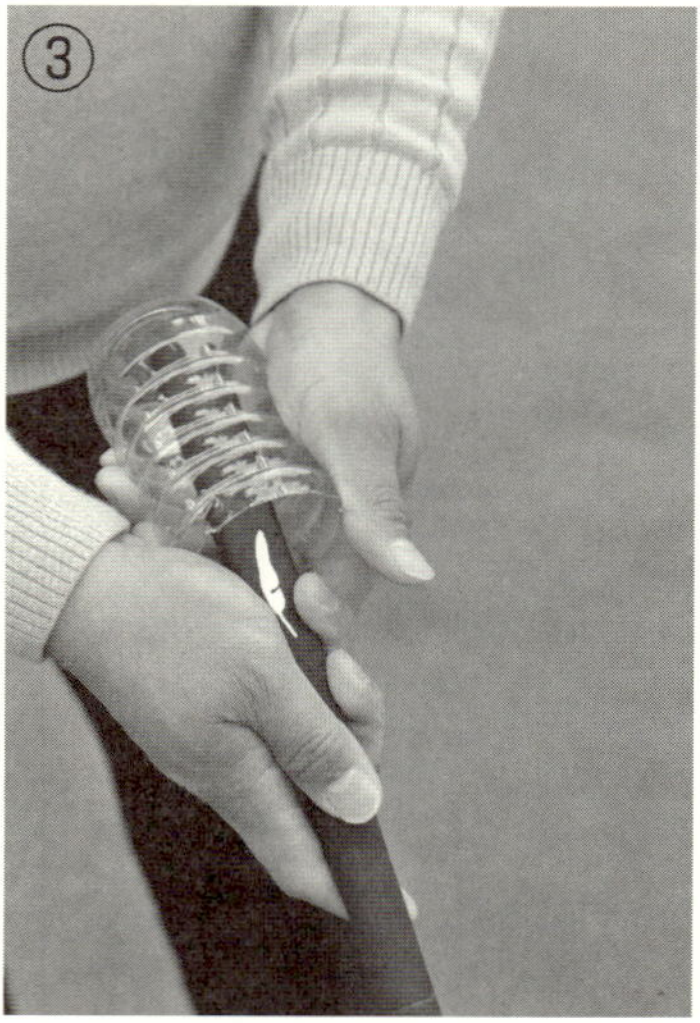

右手を軽くグリップに添える。

グリップを引っかけたままアドレス。左手首が伸びて、前腕部がパターと一直線になっている。

引っかかった状態を維持してボールを打つ。左手首と前腕部が一体となったストロークをマスターしたい。

まずはコップドリルです。クラブ全体の重さを振るパッティングストロークでは、左の手首と前腕部の重さも、パター全体の重さと一体化させます。そのためには、左手首が起きたハンドアップの形が理想。

ハンドダウンに構える人もいますが、これではパターを上から押さえつける形になるため、パターの重さを感じられず、バランスポイントを振るには不適当です。

ドリルのやり方ですが、500ミリリットルのペットボトルを1本用意し、パターのグリップにかぶせられるよう適当にカットします。カットしたペットボトルをグリップにかぶせますが、このとき、ペットボトルの下の縁と底の上部でグリップを引っかけるようにします。つまり、ペットボトルの中でパターを吊った状態にするのです。

これで理想的なハンドアップの形が作られますが、ペットボトルの上の縁にグリップを引っかけると、ハンドダウンの形になるので注意してください。用意ができたら、右手で軽くシャフトを支えてボールを打ちます。

【ストロークの型をマスターする②――「タオルドリル」】

次はタオルドリルです。このドリルも、クラブ全体の重さをストロークすることをマスターするもので、コップドリルと同様、タオルをパターに巻きつけてハンドアップの形にします。

基本的に、パッティングストロークはパターを横方向に遊ばせてはいけません。緩んだインパクトやパンチが入る原因になるからです。

インパクトゾーンの長いビリヤード型ストロークをするには、パターの重さを重力に預けることで、ストローク中のパターの重さを変えずに振ることが求められます。言い換えると、パターシャフトの縦方向のしなりを維持したままストロークすることが大切なのです。

やり方はタオルを乱雑かつ緩めにグリップに巻きつけます。そして、シャフトの縦のしなりでパターをタオルにロックさせ、タオルとグリップ部分を一体化させます。

乱雑かつ緩めに巻く理由は、この状態でパターを横に振るとタオルがズレてしまいますが、縦方向にかかる力（引っかけた状態）を維持して振れば、タオルの中でグリップがズレることはありません。つまり、振り子型ストロークではなく、クラブ全体の重さを縦方向に使い、タオルとパターが一つの重さの塊となってストロークできているかをチェックするのです。

注意すべき点は、タオルをきれいに巻かないこと。きれいに巻くと横に振ってもズレないため、ストロークをチェックすることができません。

ここまで、推力と回転をマッチさせ、奥行感のあるイメージ通りのパッティングをするために必要なことを解説し、それをマスターするドリルをいくつか紹介してきましたが、いかがだったでしょう。

振り子型ストロークに慣れ親しんでいる人には意外な点も多々あったと思いますが、良いパット、入るパットを身につけたいなら、推力と回転がマッチする「ビリヤード型ストローク」が欠かせません。ドリルを一つずつ消化して、ぜひマスターしてください。

【ストロークの基本をマスターする②——「タオルドリル」】

タオルを乱雑かつ緩めにグリップに巻く。

パターとタオルをひとつの塊にして、ボールを打つ。

パターを横にアソばせる（緩みが出る）と、タオルの中でパターがズレてしまい、ボールが打てない。

第4章

実践ですぐに役立つ
グリーン攻略術

カップには「表の入口」と「裏の入口」がある

大きさが108ミリメートルあるカップには、基本的に〝表の入口と裏の入口〟が存在します。表と裏、どちらの入口からカップインさせるかは、傾斜やラインなどの状況によって変わります。

例えば、平坦でストレートなラインはカップの真正面が表の入口になり、真正面の反対側、いわゆる奥の土手の部分が裏の入口です。カップを時計の文字盤に見立てて、3時から9時の位置で横に二等分し、手前が表、奥が裏と考えればよいのです（次ページのイラスト参照）。

よく、「土手にぶつけて、ねじ込んでやる」などといいますが、これは裏口から入れることを意味しています。

アマチュアゴルファーでも、ストレートもしくはほぼストレートの緩やかな傾斜では、この「土手を使う」ことは普通に行われているため、特に目新しいものではありません。

しかし、カップ2個から4個以上切れるラインで、裏の入口の感覚を持っている人はまず

■表の入口と裏の入口（平坦でストレートなラインの場合）

ストレートラインでは、カップを横に二分割した手前が表の入口、奥が裏の入口になる。

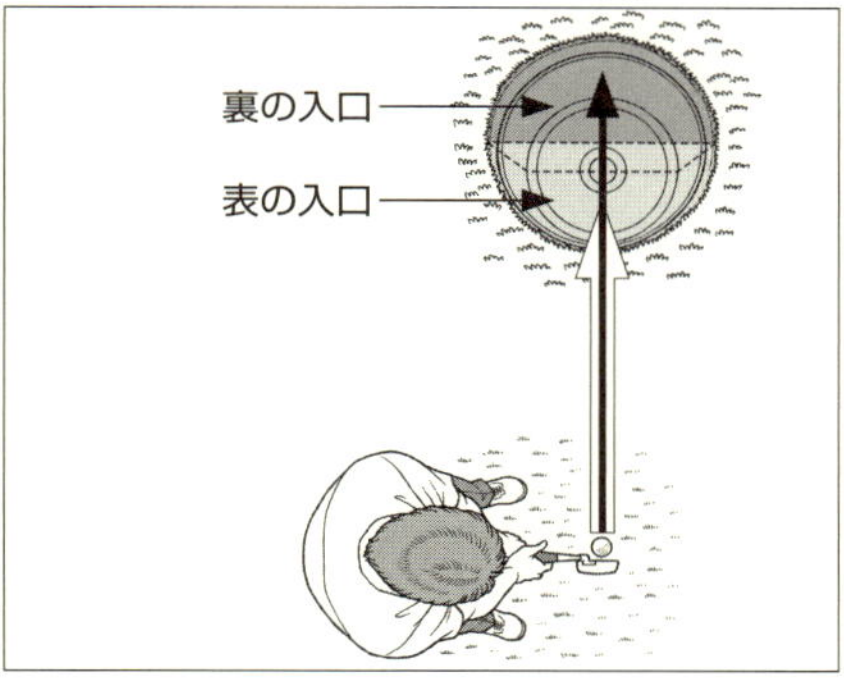

■表の入口からの入り方

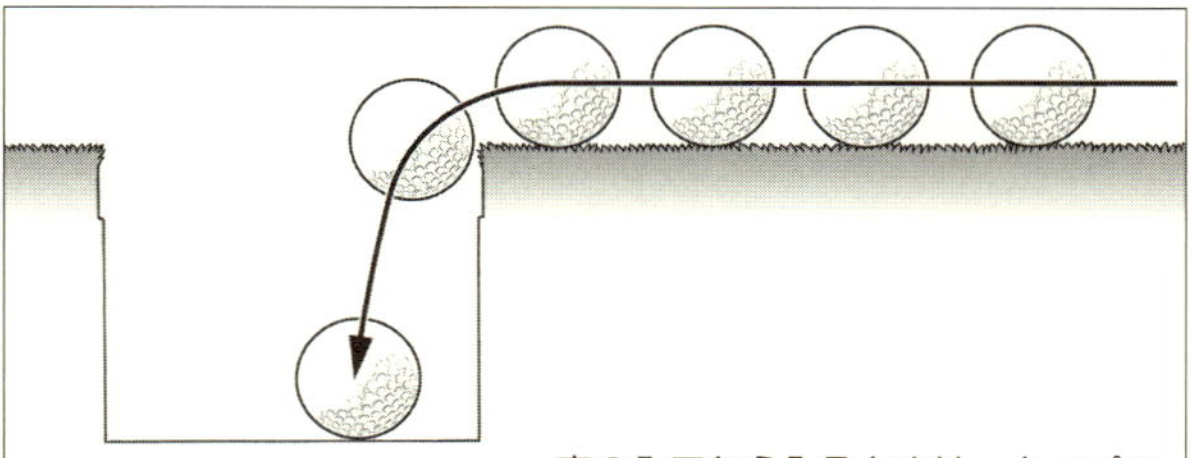

表の入口から入るときは、カップの手前から落ちるように入る。

■裏の入口からの入り方

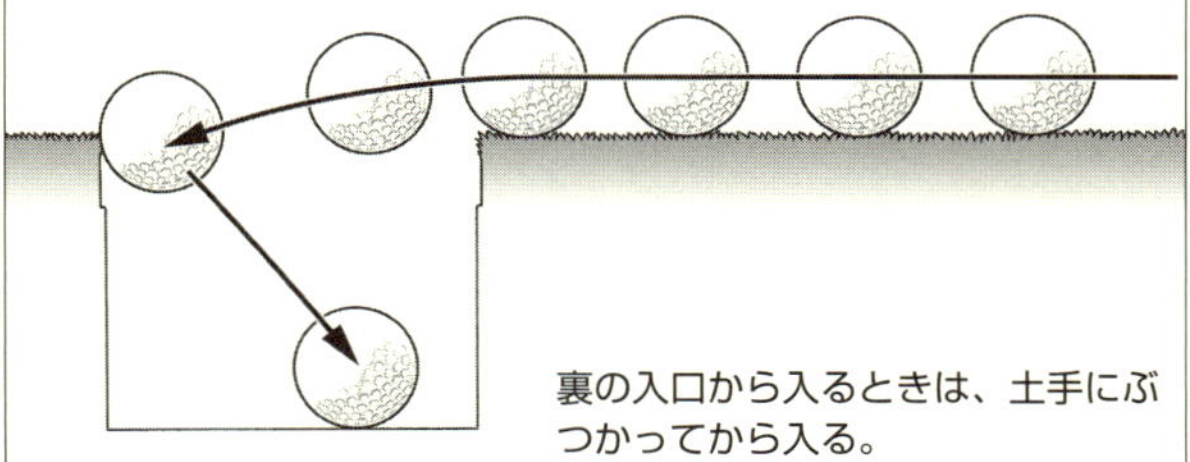

裏の入口から入るときは、土手にぶつかってから入る。

いません。

なぜなら、傾斜という要素が加わることで、裏の入口（土手）がどこなのかを見つけることができないからです。

しかし、本当にパッティングの上達を目指すなら、どんな傾斜でも表の入口がどこで、裏の入口がどこなのかをすぐに把握できなければなりません。また、裏の入口が見えてくると、どのラインで狙うのが最も確実にカップインできるかということさえ見えてきます。

つまり、よくアマチュアゴルファーの方が「カップ2個くらいのフックラインだな」「ちょいスラだな」などと口にしますが、このように単にラインを読むだけではなく、入口を見つけることで、ラインやタッチなどカップインに必要なさまざまなファクターに気づくのです。

私が修業時代にお世話になったベテランプロは、パットの名手でした。彼はラインを読みながら、

「ガツンと」「トロッと」「ズブズブで」「ポーンと」「カニのように」など、実にさまざまな比喩や擬声語を使って、どうカップに入れるかをイメージしていました。曲がり幅を表

現するとき、「カップ１個」というようなことは一切口にしません。彼の場合は、さまざまな表現を使ってカップへの入れ方を決め、それによってラインが見えてきたのでしょう。

カップに対する入口が見つかれば、ジャストタッチでラインをふくらませてカップの縁から落ちるように打てばいいのか、ラインを浅くとって土手にぶつけるように強く打てばいいのかを決められます。すると、自分がやらなければならないことが明確になり、自信をもってストロークできるのです。

曲がるラインをどのように考えるか

ここではフックやスライスの曲がるラインについて、表と裏の入口を説明しましょう。ストレートラインと曲がるラインの大きな違いは、ストレートラインはカップを時計の文字盤を横で二分割したのに対し、曲がるラインは12時から3時、3時から6時、6時から9時、9時から12時の位置で四分割するという点です（１４９ページのイラスト参照）。

そして、それぞれ対角線に位置するところが、表と裏の関係になります。

次ページのイラストのように、カップ1個程度曲がるラインなら、表の入口の正門が4〜5時付近になり、表の入口ゾーンは3時〜7時のエリアになります。これに対して、裏の入口の正門は11時付近で、裏ゾーンのうち実際に入口として使えるのは10時〜1時になるでしょう。こうなると、通常のタッチで表から入れる場合と、曲がりを消すような強いタッチで裏から入れる場合で、カップイン率にそれほど大きな差はありません。

しかし、傾斜が強くカップを大きく外すようなラインでは、カーブがきついため表の入口の正門は3時〜4時付近になります。この正門から入れるには、当然ジャストタッチが要求され、タッチが合えば表ゾーンは2時〜7時くらいにまで大きくなるでしょう。逆に、曲がりを消すほど強く打った場合、裏の入口は11時〜12時付近のごくわずかな範囲。

こういう曲がりの強いラインの場合、表から入れるのか裏から入れるのかで、カップインの確率に大きな差が出るわけです。

これをもとにして、傾斜やグリーンのスピード、タッチの強弱を加味し、表と裏の入口を見つけ、どこから狙えばカップインの確率が高いのかを考えれば良いのです。

■表の入口と裏の入口（曲がるラインの場合）

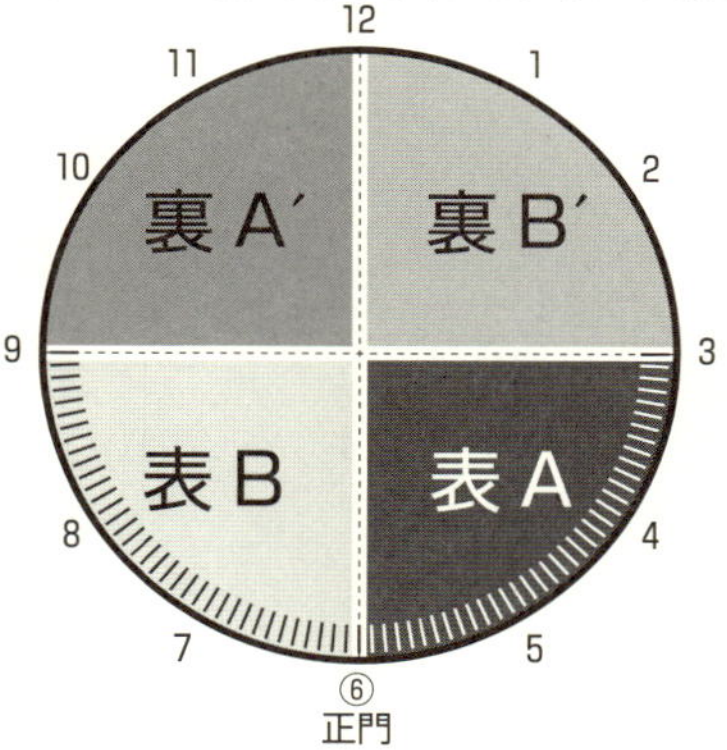

カップを時計の文字盤に見立て、12時〜3時、3時〜6時、6時〜9時、9時〜12時の位置で四分割する。表と裏は対角線の位置関係になるのが基本。

■カップ3 〜 4個程度曲がるフックラインの場合

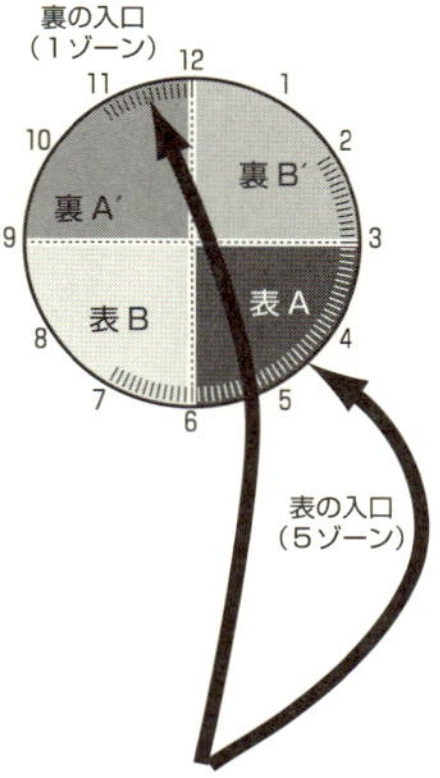

表の入口が3時〜4時付近になるほど大きく曲がるケースでは、裏の入口は対角線上ではなく11時〜12時の位置になる。つまり、曲がり幅が大きくなると、曲がりを消すほど強く打っても、カップインする確率が低くなる。

■カップ1個程度曲がるフックラインの場合

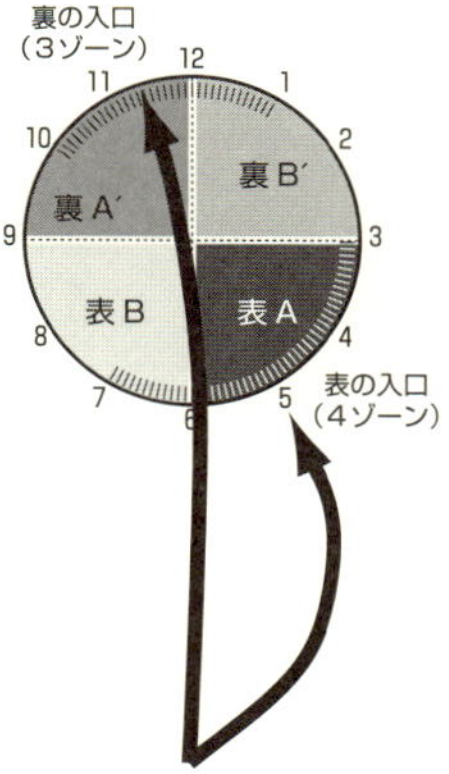

表の入口が3時〜7時付近になり、裏の入口は10時〜1時付近となる。曲がりを消すような強いタッチで打っても、カップイン率が高い。

表と裏では入れ方が全く異なる

表の入口から狙う場合と裏の入口から狙う場合とでは、打つタッチが変わってきます。表の入口と同じタッチで裏の入口から入れることはありえないのです。

表の入口を狙う場合は、しっかりとラインを読み、そのラインにボールを乗せてコロンとカップインさせるイメージ。一方、裏の入口では奥の土手が使えるため、より直線的にカップインを狙えます。また、強いタッチで打つこともできます。

表と裏の入口の使い分けは、ラインに乗せるなら表、直線的に狙うなら裏というのが基本です。また、距離を合わせて表でいくか、やや強めに打って裏でいくかは、傾斜などの状況やその日のタッチの感覚などによって決めていくことになります。

例えば、ここだけは3パットしたくないときに裏の入口ばかりを狙うと、外したときのリスクが非常に高くなってしまいます。そのため、ケースバイケースで考えることが大切になってきます。

次ページの写真Aを見てください。これは約1メートルのスライスラインですが、これ

■微妙なラインをどう狙うか

1メートルのスライスライン。表の入口から狙うと、思った以上に曲がらず、左を抜けていきそうな雰囲気がある。

こういう場合でも、裏口から狙えば打ち出すラインがカップの中に収まる。

くらいの距離は比較的微妙な曲がり方をすることが多いもの。そのため、表の入口から狙ったのに思ったほどはスライスせず、ボールがカップの左を抜けていった…。誰でもこういう経験はあるでしょう。

このような微妙なラインでは、裏の入口から狙うと「左を抜けそうだな…」といったイヤな感じがなくなり、プレッシャーを感じることなく打てます。つまり、状況によっては表の入口より裏のほうが簡単に打てるわけです。

写真Bは、写真Aの状況を裏の入口から狙った場合です。表の入口から狙った写真Aとの大きな違いは、ラインがカップの中にあるということです。つまり、強めに打てばボールは自然と裏の入口に向かっていくため、間違いなくカップインできるのです。

ところが、写真Aのように表の入口から狙うと、ラインに乗せる必要があるため、どうしても合わせて緩んだ打ち方になりがち。さらに、カップの外（左側）に打ち出さなければならないため、強すぎると曲がらずに左を抜けてしまいます。

大切なのは、表と裏ではタッチが違うというのを知ることです。それを知ったうえで、自分の状況やフィーリングが表にマッチするのか裏にマッチするのかを考えて、自信を持ってストロークしましょう。

ほとんどのアマチュアゴルファーは、単に「入れる」ことだけを考えるか、もしくは、曲がり方が浅いとか、深いとかしか考えないもの。そうではなく、まず入口がどこにあるかを知り、どう打つかを決めなければならないのです。この作業をするとしないでは、スコアにも大きな違いが出てきます。

グリーン上でも有効な「情報収集力」

曲がるラインでは、カップを四分割した四分の一が入口の基本となります。しかし、デリケートなラインのショートパットでは裏の入口が極端に大きくなることもあります。どういうことかというと、表の入口より裏の入口の方が広く使えるということ。短い距離なのに大きく曲がるラインでも、裏の入口のほうが大きく感じます。

例えば、ワンクラブ以内なのに、表の入口からはある一点からジャストタッチで入れるしかないと感じるようなときです。これは、ラウンドの後半や毎日切り替えられていない古いカップで見られます。ホールのまわりがゴルファーに踏まれて、カップの所だけ浮き上がっているような状態です。このようなケースに遭遇したら、裏の入口をよく見てみましょう。必ずといっていいほど、裏の入口のほうが広く感じるはず。そのように感じたら迷わず裏の入口を狙ったほうが、入る確率は格段にアップします。

ここで要点をまとめてみましょう。

・表と裏の入口は、原則として対角線の関係にある
・表と裏のどちらを使うかは、どちらが広く見えるか、どちらがその日の自分のタッチに合うかなどを考えて使い分ける
・裏の入口の広さは見た目、実践、経験でつかんでいくしかない。しかし、一つの目安として、表の入口でラインやタッチが出せると感じればそれでOK。もし迷ったり、タッチが出せそうにないと感じたら、裏の入口で狙ってみる
・表の入口から狙うときは、ジャストタッチでコトリと入るのが基本。この場合、カップ

スコアカードなどをカップの四分の一の大きさに切り、裏の入口に押し込む。（この写真はスライスラインの裏の入口に相当）

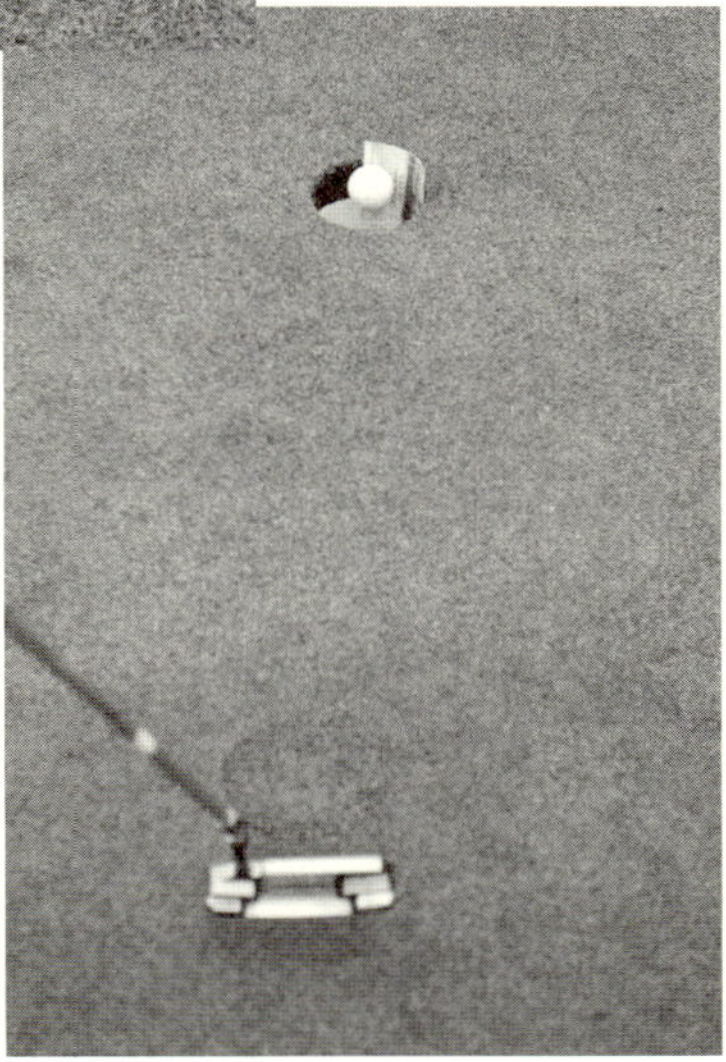

ボールをスコアカードにぶつけることがこのドリルのポイント。

の外に打たなければならない可能性がある
・裏の入口から狙うときは、ある程度カップの枠の中を狙っていけるため、メンタル的に開き直って強く打つことができる。ただしタッチが強いので、外したときに3パットするリスクがある

スライスラインとフックラインはどちらが難しいか

パッティングでは、一般的にフックラインを得意としている人が多いものです。その理由は、フックラインはパターのバランスポイント（パター全体の重さ）をほぼカップに向かって振れば良いため、いわゆるプレーンとラインが大きくズレないからです。

次ページを見てください。これは約2メートルのフックラインで、曲がり幅はカップ半分程度。この場合、バランスポイントをカップに向かって振り、ラインに対して真っすぐ打ち出せば、あとは傾斜によってボールはカップ方向へと曲がっていきます。つまり、フ

■フックラインとバランスポイントの関係

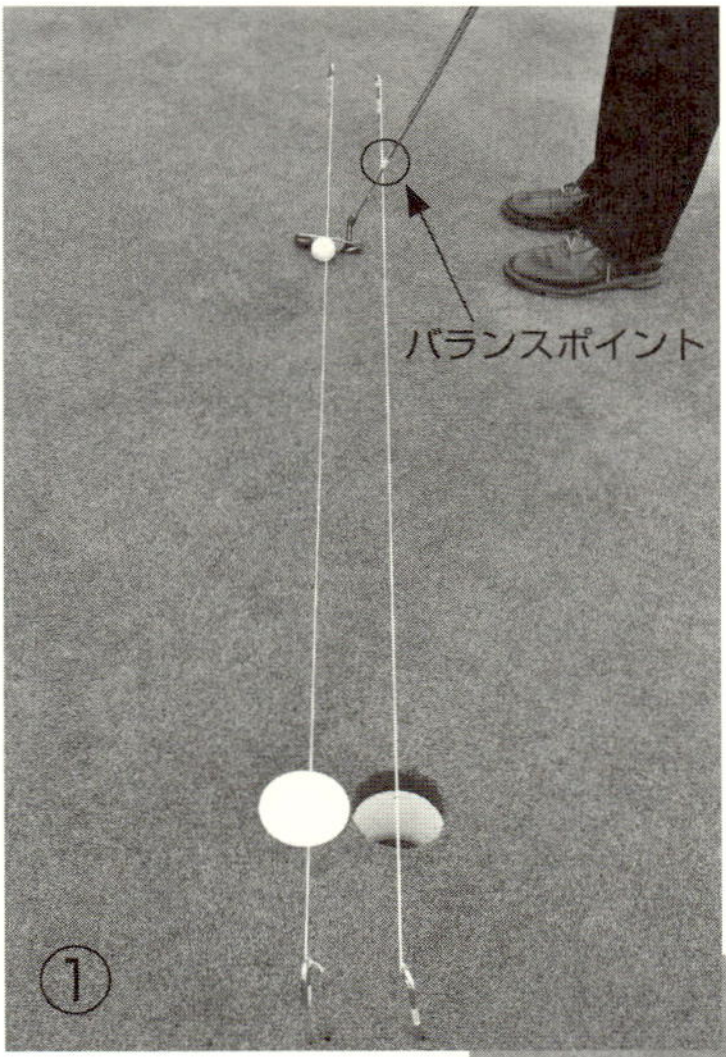

半カップのフックラインでは、アドレスした時点でバランスポイントがカップと重なった位置にある。

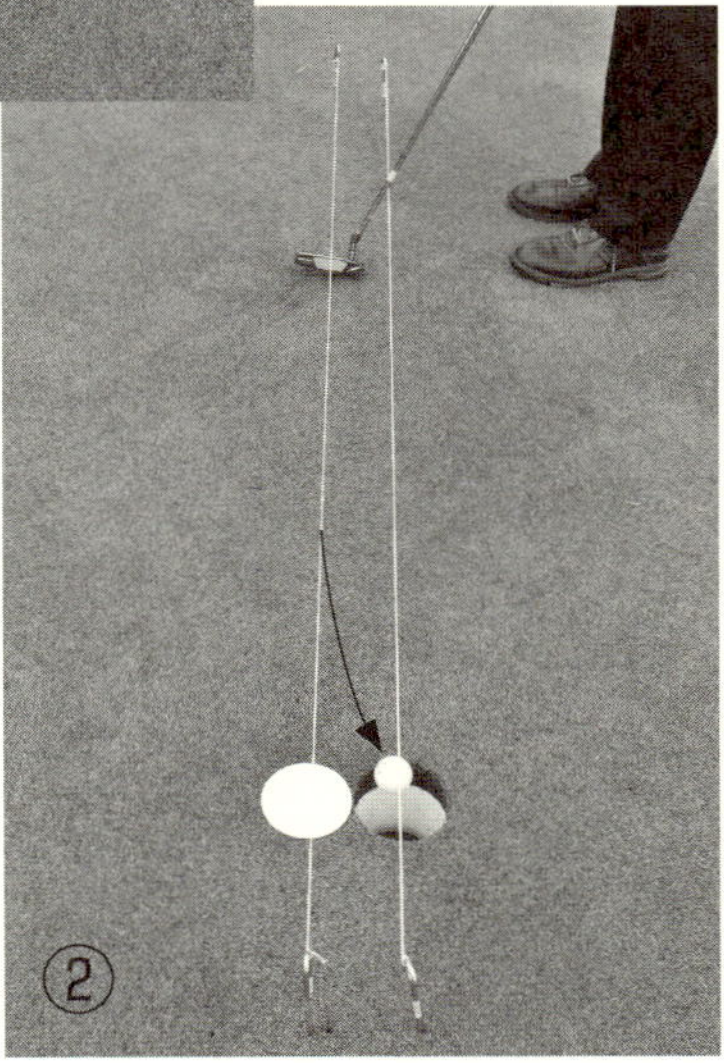

バランスポイントをカップに向かって振れば、あとは傾斜によってボールは自然に曲がる。

ックラインはストロークの方向とラインが重なるため、アドレスやストロークの方向が狂いにくく、スムーズに打てるのです。

それに比べると、スライスラインはバランスポイントがヘッドのさらに左に位置するため、アライメントの取り方が難しいのが特徴。そのため、フックラインほど得意にしている人が多くありません。

次ページを見てください。これはカップ半分程度切れるスライスラインです。スライスラインはカップより左を狙うわけですが、そうなるとバランスポイントはさらに左に位置することになります。

つまり、バランスポイントとヘッドまでの距離（幅）の分、バランスポイントを振る方向がカップからさらに離れてしまうため、プレーンとラインが平行な関係にあるとはいえなくなるのです。それによって、スライスラインはイメージを出しづらく、狙いづらくなるのです。

わずか半カップ程度のスライスでも、カップ1個＋バランスポイントとヘッドまでの距離の分左を向かなければならないため、体感的には相当左を向くイメージがあります。も

■スライスラインとバランスポイントの関係

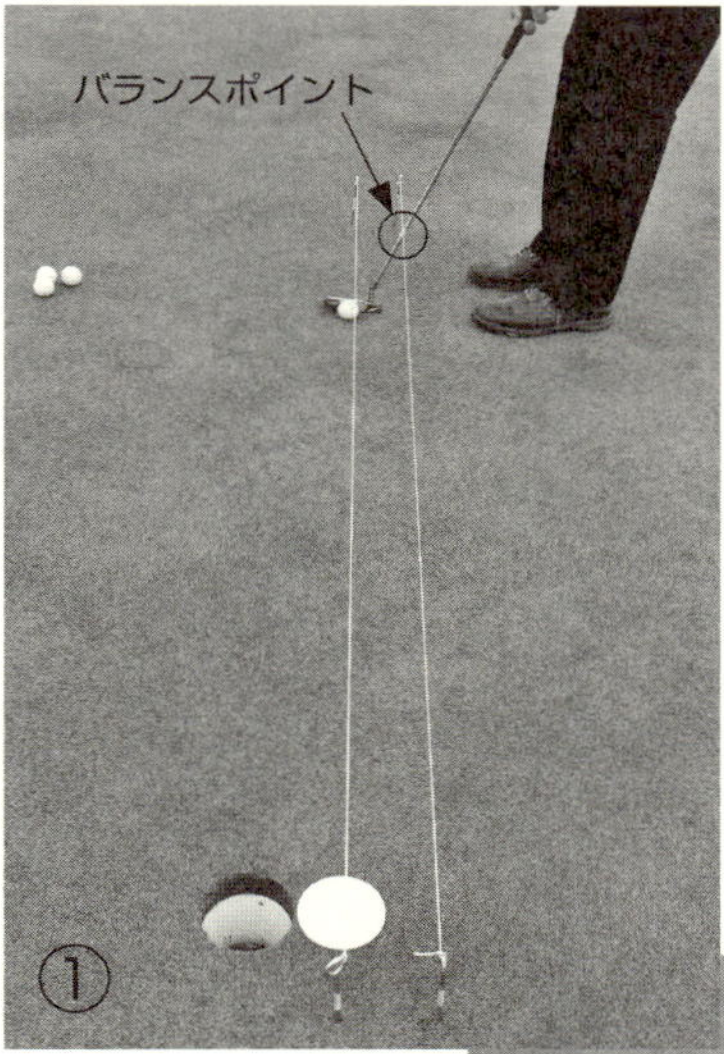

スライスラインでは、バランスポイントとカップにかなり距離がある。

カップ半個切れるスライスだが、バランスポイントはさらにその左を向くことになる。

ちろん、曲がり幅がカップ半分以上ある場合も、自分が読んだライン＋バランスポイントとヘッドまでの距離分、左を向かなければなりません。

これによって、スライスラインはフックラインより難しい、または慎重に臨まないといけないといえるのです。

グリーン上に補助線を引いてラインを見つける

「このフックライン（スライスライン）は、どれくらい曲がるだろう…」

グリーン上では、誰もがこのようなことに悩まされます。傾斜を読み、ラインを探し当てることは経験が物をいうため、一朝一夕にできることではないからです。しかし、基本となる読み方は存在するので、それをみなさんに紹介しましょう。

163ページのイラストは、大きく曲がるフックラインを想定したものです。この状況でまずやるべきことは、カップに向かう〝下りの真っすぐ〟がどこなのかを見つけること。

それが見つかったら、仮想のラインを引きます。

次に傾斜の強さを見て、どのくらい曲がるのかを考えます。曲がりをイメージできたら、先ほど見つけた〝下りの真っすぐ〟のラインのどの位置（図中Ａ、Ｂ、Ｃ）にボールを打ち出せば、自分の思い描いた曲がりとマッチするかを考えます。この作業によって、全体的なラインを想定できます。

あなたが先の作業でＢの地点に打ち出そうと決めたとしたら、今度はＢ地点に打ち出す強さを集中して考えます。もしＢ地点に対して強く打ち出しすぎると、下りの真っすぐのラインを越え、カップの高いサイド（右側）を通過しオーバーしていきます。

逆に、打ち出しが弱すぎると、自分の想定したラインよりも手前からカップの下（左側）に落ちていってしまうでしょう。

打ち出す強さが自分の想定したラインとピッタリ合った場合、ボールは下りの真っすぐのラインに近づきつつ傾斜の影響で曲がり始め、カップへと向かうラインを描きます。そしてカップインすることで、下りの真っすぐのラインとボールが交わることになるのです。

パットの名手といわれるツアープロが、

「ラインがないので、自分でラインを作って入れた」と表現することがあります。これこそ、下りの真っすぐのライン上の目標ポイント決めと、そこに打ち出すタッチを大胆にかけ合わせた妙技といえます。

カップインするラインを作るには、以下の三つのラインが必要になります。

①ボール位置とカップを結ぶターゲットライン
②下りの真っすぐのライン
③下りの真っすぐのライン上の目標ポイントに打ち出すライン

この三つのラインによって作られる三角形の中に、③のインパクトの強弱と傾斜が作るカーブがマッチするラインを描けるかどうか？　がカギということになります。

■基本的なラインの読み方（フックラインを想定）

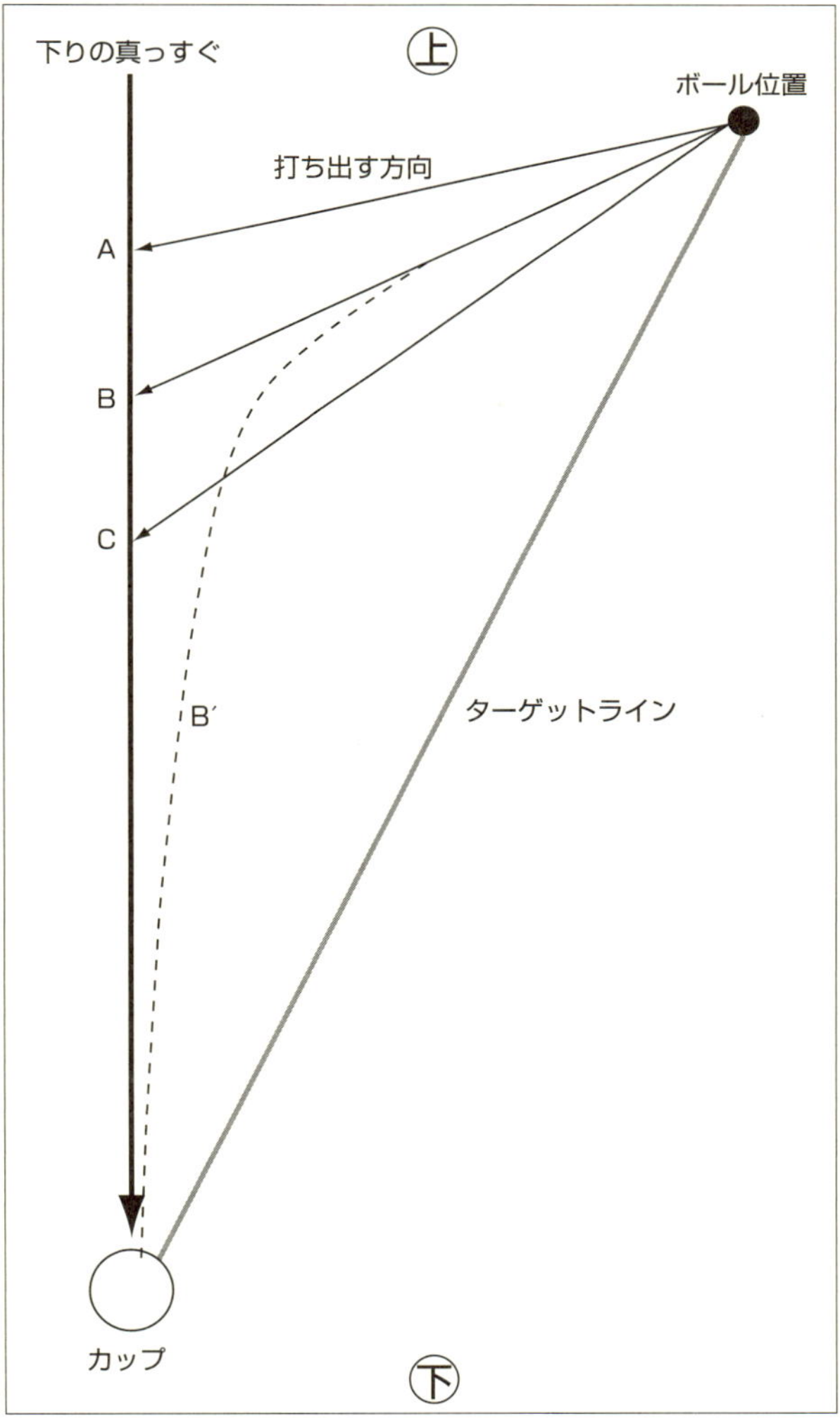

■カップイン・トライアングル

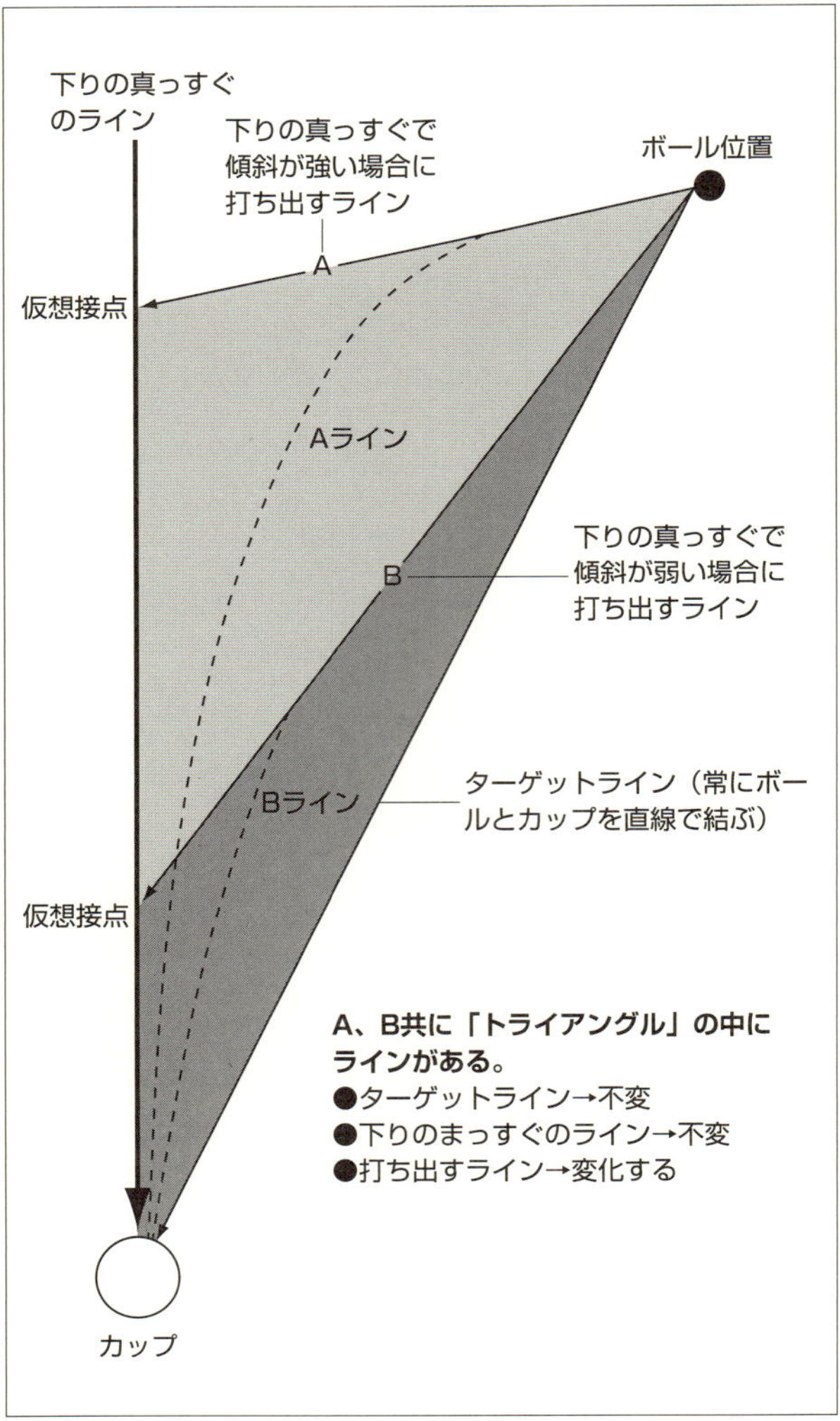

下りの真っすぐ
のライン
下りの真っすぐで
傾斜が強い場合に
打ち出すライン
ボール位置
A
仮想接点
Aライン
下りの真っすぐで
傾斜が弱い場合に
打ち出すライン
B
ターゲットライン（常にボールとカップを直線で結ぶ）
Bライン
仮想接点
A、B共に「トライアングル」の中にラインがある。
●ターゲットライン→不変
●下りのまっすぐのライン→不変
●打ち出すライン→変化する
カップ

グリーン上にある「天使の取り分」とは

下りの真っすぐをプレーヤーが探し出し、それを基準にして打ち出す方向と強さを決め、最終的にカップインするための三角形を作る。これが入るパッティングには不可欠ですが、グリーン上にはプレーヤーがどうすることもできない要素もあります。

グリーンには、滑りゾーンという「天使の取り分」が存在するのです。ラインを決めて打ち出すのはプレーヤー自身の意思で行うことですが、「天使の取り分」とは、簡単にいうと、グリーンの状況によって自分が打ったタッチ以上にボールが加速したり、曲がってしまうようなことです。

いくつかの面で構成された大きなグリーンでは、面と面をつなぐ付近の傾斜の強さがグリーンの全景に馴染んでしまい、読みきれないケースがあります。最近では少なくなりましたが、冬枯れの乾燥した高麗グリーンでは、ボールが滑って止まらないこともあります。

このような要素は、「ゴルファーの手には及ばないところ」と割り切ることが大切です。割り切るといっても、諦めるということではありません。自分の意思でできることのエリアと、「天使の取り分」のエリアをつなげていくことで、ラインを予測しようということです。

この「天使の取り分」のゾーンを見つけるのは、なかなか難しいもの。ツアープロの練習ラウンドでは、このゾーンがあるかないかをチェックします。もしグリーン上にこのゾーンがある場合は、「止まらない」「こっちには打ってはいけない」とメモするのです。

初めてプレーするコースでも、私はキャディさんにラインを尋ねることはありませんが、「カップの向こうはボールが止まらないような傾斜ですか？」と聞くことはあります。

3パットしたくないときほど上につける

3パットというのはスコアを崩す代名詞のようにいわれていますが、これを確実に防ぐには、上りのラインを残せといわれます。ファーストパットがアマチュアサイド（カップ

■「天使の取り分」とは

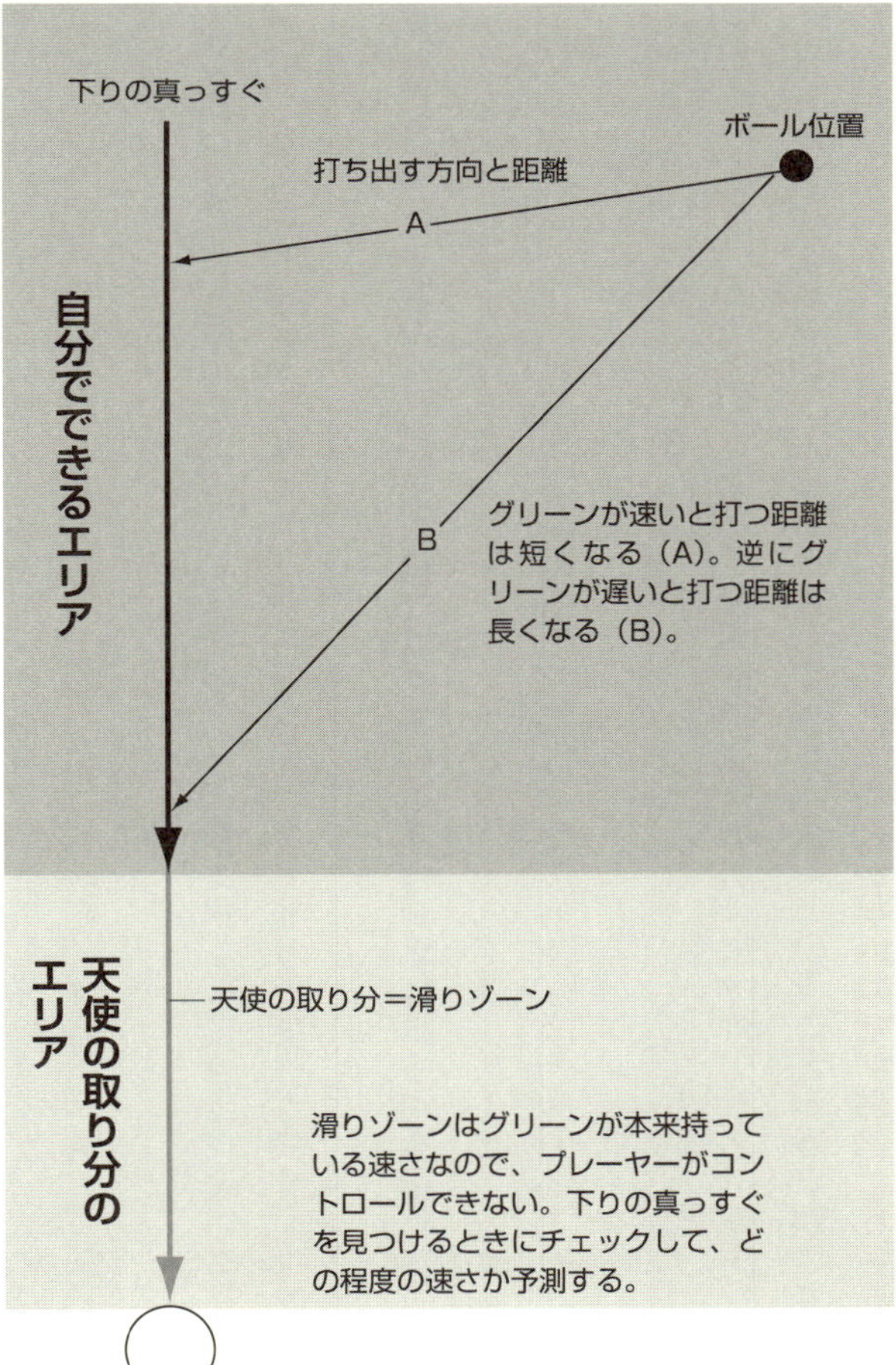
下りの真っすぐ
ボール位置
打ち出す方向と距離
A
B
自分でできるエリア
グリーンが速いと打つ距離は短くなる（A)。逆にグリーンが遅いと打つ距離は長くなる（B)。
天使の取り分のエリア
天使の取り分＝滑りゾーン
滑りゾーンはグリーンが本来持っている速さなので、プレーヤーがコントロールできない。下りの真っすぐを見つけるときにチェックして、どの程度の速さか予測する。
カップ

の下側を通るライン）に外れるとカップから遠ざかってしまいますが、次のパットは上りが残るため、ノープレッシャーでラクに打てるからです。つまり、カップの下側につけたほうが安全だというわけです。

しかしこの考え方は正しいのでしょうか？　上りが残るとはいえ、速いグリーンや傾斜の強いグリーンでは、かなりカップから遠ざかってしまう可能性が高く、あまり良い戦略だとはいえません。

絶対に3パットしたくないときは、カップの上50センチにボールを止めるように打つことが大切です。上に止まるように打てば、カップインできなくてもカップから遠ざかる心配はありません。また、予想以上に落ちてきてカップインする可能性もあります。したがって、カップの上に止める練習をすると、3パットの確率はグンと低くなるのです。

単に「カップの周辺に止まればいいや」と考えると、どうしても狙うラインが浅くなります。そのため、下に落ちて行く可能性が大きくなり、速いグリーン、傾斜の強いグリーンでは、簡単に1ピンほど下に落とされてから止まるということが多々起こります。

したがって、本当のＯＫゾーンはカップの上にしかないのですが、こういうと、

「下りのパットが残るじゃないか」

という人がいます。確かに下りが残りますが、この段階ではカップの上とか下は関係ありません。なぜなら、上50センチに止められる人は、そもそもそれなりにラインが読め、タッチも合わせられる人です。そのため、上につけても50センチを外すということはまずありません。

50センチ上を狙ったのに1メートルも上に止まってしまったら、下りが残って3パットしそうで怖いという人がいます。しかし、このケースをフックラインで考えると、「カップの位置を間違えた」と思うほど右を向いて打たなければ、まず下りの1メートルは残りません。「下りの1メートルが残ったら…」ということは、考える必要がないのです。

名プレーヤーが残した格言にあるように、ゴルフは失敗から学ばなければなりません。下にそれて3パットした記憶と、ラインを厚く読みすぎて上に残した3パットでは、どちらが多いか思い出してみてください。

下にそれた3パットが日常茶飯事なので、かえって上に残した3パットのほうが記憶にあるという場合があるかもしれませんが！

エピローグ

今日のプロゴルファー、つまりトーナメントプレーヤーの地位を確立したといわれる人物に、ウォルター・ヘーゲン（1892〜1969）がいます。その功績だけでなく、全米オープンを二度、全米プロ選手権を五度（四連覇を含む）、全英オープンを四度制覇し、世界ゴルフ名誉の殿堂入りを果たした名プレーヤーでもあります。

ヘーゲンが活躍していた1910年代から1920年代、ゴルフはビリヤードやボウリングなどのように、スポーツと呼ぶにはいささか物足りない、どちらかといえば嗜好性の強いゲームだと多くの人が認識していました。

ニッカーボッカーにタイを締めたオールドスタイルのファッションでプレーしていたことからも、そのことが伺い知れるでしょう。つまり、まだまだスポーツというより、ゲームというほうが似つかわしいスタイルだったのです。

そして現れたのが、全米一パッティングの上手いプレーヤーといわれたベン・クレンショー。ヘーゲンが活躍した時代から半世紀が過ぎ、パーシモンから金属ヘッドへの過渡期

を向かえるころ、彼はパッティングについて、

「パッティングは芸術だ（Putting is Art）」

という言葉を残しています。

ヘーゲン、クレンショーの流れを大きく変え、ゴルフがアスリートスポーツと認識されるようになったのは、やはりタイガー・ウッズの登場によってでしょう。ウッズは世間一般のゴルフに対する認識を変えただけでなく、そのスケールも価値観も変えてしまったプレーヤーです。そのため、ウッズのパッティングテクニックも、クレンショーがいった「パッティングは芸術だ」というのとはまったく違う、「戦うためのパッティング」「勝つためのパッティング」です。

アスリートスポーツに進化した今後のゴルフは、身体能力の高さが勝利への大きなカギ。となると、プロなら勝利を手に入れる、アマチュアなら３００ヤードのビッグドライブを手に入れるには、身体能力を鍛える必要がでてきます。

しかし、パッティングはいわゆるマッスルパワーを必要としません。ということは、ウッズのようなパワーやスピードを手に入れなくても、唯一、ウッズと互角に戦える可能性

のあるクラブなのです。

ところが多くのアマチュアゴルファーの方は、トッププレーヤーのパッティングストロークとは程遠い、「振り子型ストローク」やフィーリング重視のストロークを無批判に信じ込んでいます。これでは、ウッズなどが実践する「勝つためのパッティング」をマスターすることはできません。

本書では、「ロフトの使い方」と、クラブ全体の重さをストロークする「ビリヤード型ストローク」を中心に、多角的にパッティングのエッセンスを紹介してきました。これを理解することで、あなたにも「パッティングならウッズに勝てるかもしれない」という気持ちが生まれるかもしれません。正直なところ、日本のツアープロで、このような理論を具現化している選手は思いあたりません。しかしながら、現在カリスマ的存在のパターデザイナーの設計理念や、タイガー、ミケルソンなどの超一流選手のストロークには、明らかにロフトの概念が存在しています。

ぜひ、本書を参考に一歩、いや半歩でも現代パッティングの神髄に触れてください。

永井延宏

参考文献

『パッティングの科学』
（デイブ・ペルツ、ニック・マストローニ著、児玉光雄訳、ベースボールマガジン社）
『完全なるショート・ゲーム――スコア短縮への早道』
（ポール・ラニアン著、水谷準訳）

青春新書
PLAYBOOKS
人生を自由自在に活動《プレイ》する

人生の活動源として

いま要求される新しい気運は、最も現実的な生々しい時代に吐息する大衆の活力と活動源である。

文明はすべてを合理化し、自主的精神はますます衰退に瀕し、自由は奪われようとしている今日、プレイブックスに課せられた役割と必要は広く新鮮な願いとなろう。

いわゆる知識人にもとめる書物は数多く窺うまでもない。

本刊行は、在来の観念類型を打破し、謂わば現代生活の機能に即する潤滑油として、逞しい生命を吹込もうとするものである。

われわれの現状は、埃りと騒音に紛れ、雑踏に苛まれ、あくせく追われる仕事に、日々の不安は健全な精神生活を妨げる圧迫感となり、まさに現実はストレス症状を呈している。

プレイブックスは、それらすべてのうっ積を吹きとばし、自由闊達な活動力を培養し、勇気と自信を生みだす最も楽しいシリーズたらんことを、われわれは鋭意貫かんとするものである。

—創始者のことば— 小澤和一

読者のみなさんへ

この本をお読みになって、特に感銘をもたれたところや、ご不満のあるところなど、忌憚のないご意見を当編集部あてにお送りください。

また、わたくしどもでは、みなさんの斬新なアイディアをお聞きしたいと思っています。

「私のアイディア」を生かしたいとお思いの方は、どしどしお寄せください。これからの企画にできるだけ反映させていきたいと考えています。

なお、お寄せいただいた個人情報は編集企画のためにのみ利用させていただきます。

青春出版社　編集部

80の壁《かべ》を破《やぶ》る!

ゴルフ超《ちょう》パッティングの極意《ごくい》

青春新書 PLAYBOOKS

2009年4月20日　第1刷
2009年10月5日　第2刷

著　者　永《なが》井《い》延《のぶ》宏《ひろ》

発行者　小澤源太郎

責任編集　株式会社　プライム涌光

電話　編集部　03(3203)2850

発行所　東京都新宿区若松町12番1号 〒162-0056　株式会社　青春出版社

電話　営業部　03(3207)1916　振替番号　00190-7-98602

印刷・錦明印刷　製本・誠幸堂

ISBN 978-4-413-01899-9